PHP
Business Shinsho

デンマーク人はなぜ会議より3分の雑談を大切にするのか

Yuka Harikai
針貝 有佳

PHPビジネス新書

まえがき

「3分の雑談」が人生を変える

「じゃあ、コーヒーマシンのところで！」

北欧デンマークの職場で毎日のように耳にする定番フレーズだ。

仕事上で何か引っかかっていることを同僚に伝えると、「じゃあ、コーヒーマシンのところで！」。

そう言ってコーヒー片手に話しはじめたと思えば、あっという間に抱えていた問題が氷解し、自分のデスクに戻る。

その時間、わずかに3分。

メールを何往復させるよりも、わざわざ時間を決めて打ち合わせをするよりも、数分間、対面でパパッと話せば解決してしまう。

形式ばらずカジュアルに話すからこそ、ちょっとした一言から解決策が見つかることもあるし、現状の課題や困難、障がいを乗り越える「突破口」になることも。

3分サクッと立ち話をするだけで、仕事がスムーズに回る。自分のやりたい仕事ができるようになる。楽しく働けて、仕事の成果にもつながっていく。そして人生までもが大きく動き出していく――デンマーク人の雑談にはそんな力がある。

あなたも、そんな感覚を味わってみたくはないだろうか。

ビジネス効率性5年連続1位の国では「会議は最低限」

国際競争力がトップクラスで、「ビジネス効率性」5年連続1位のデンマーク人は、成果を最大化させる「コミュニケーション力」を持っている。

デンマーク人は飲み会を開く習慣がない。勤務時間外に、仕事関係の人との「付き合い」もしない。

職場でコミュニケーションが取れているから、それで十分なのだ。

では、デンマーク人は勤務時間中に長時間にわたる会議を開催し、頻繁にメールやチャットで連絡を取り合っているのかというと、まったくそんなことはない。

むしろ、会議は最低限、メールやチャットのやり取りも最低限だ。日本ではビジネスの基本ともいわれる、こまめな「ほうれんそう」（報告・連絡・相談）すらしない。

いったいどうなっているのか。

どうやら、成果を最大化させるコミュニケーションには「コツ」があるようだ。

ちょっと力を加えるだけで重いものを持ち上げられる「テコの原理」のように、短時間の会話ですべてをうまく活かせるためのコミュニケーションの「コツ」がある。そして、そのコツさえ身につけてしまえば、あとは全部うまくいく。

デンマークは人口が千葉県よりも少ない約６００万人[i]でありながら、製薬会社ノボ ノルディスク社（Novo Nordisk）、レゴブロックのレゴ社（LEGO）、風力発電のベスタス社（Vestas）、海運業のマースク社（Maersk）など、グローバルに活躍するユニークな企業を輩出している。世界有数のアイデア大国とも言える。

そこで本書では、国際競争力トップクラスで、ビジネス効率性が5年連続1位で、欧州トップクラスのイノベーション大国であるデンマークから、仕事に活かせる「コミュニケーションの極意」をお届けする。

本書を執筆するために約40人のビジネスパーソンに取材をして気がついたことがある。うまくいくためのコミュニケーションは、難しいことでも、大変なことでもない。むしろ、本当に大きな成果につながっていくのは、肩の力が抜けたラクで軽いコミュニケーションなのだ。

「仕事をスムーズにするためのメール」が仕事を妨害する

ここで一つ質問をしたい。

今、あなたの仕事はうまくいっているだろうか。

あなたが属している組織はうまくいっているだろうか。

家庭では？　ＰＴＡでは？　趣味のクラブでは？　地域では？　ご近所さんとのコミュニケーションは、うまくいっているだろうか。

かつての私は朝から晩まで人間関係の調整に奔走《ほんそう》し、永遠に続くメールやチャットでのやり取りに対応し、あまり意味のない長時間にわたる会議に出席し、憂《う》さ晴《ば》らしのための食事や飲み会に参加していた。

そして、こういったコミュニケーションは人間関係を円滑にするためには必要で、大事なことなのだと思っていた。

だが、本当にそんなことをする必要があったのだろうか。

会議や飲み会に参加するのは、それはそれで楽しくもあるのだが、自分が参加する「必要」はあるのだろうか。時間をかけて丁寧にあのメールに返信した「意味」はどのくらいあったのだろうか。

後になってそう思うこともあったが、他人の目が気になり、何かあったらすぐに反応しなくては、と四六時中、気が張り詰めていた。また、会議や飲み会を欠席するためには「正当な理由」を伝えなくてはならないと感じて、断る理由を探すのに頭を悩ませていた。

さらに、困ったことに、ある「疑惑」が頭をよぎっていた。けっこう致命的な疑惑である。

自分は本当に「仕事」をしているのだろうか。

あなたは本当に「やりたいこと」ができているか？

認めたくはなかったが、自分が膨大な時間とエネルギーを割《さ》いているのは、仕事そのものよりも、仕事をスムーズに進めるための「人間関係」なのではないか。本来すべき「仕事」は何だっけ。

逆に、コミュニケーション不足を感じることもある。

ひとりひとりが目の前の仕事に追われ、メンバー同士が対面でちゃんと向き合って話をする機会がほとんどない。人間関係がギクシャクして、話しにくい空気が流れている。いまいち、同じ方向を向いて一緒に協力して仕事に取り組めているという一体感が感じられない。良い人間関係があれば、仕事ももっと捗《はかど》りそうなのだが。

チームが良くても、横槍《よこやり》が入ることもある。

チームで温めていた面白そうな企画が、「上の人」の一言であっという間にひっくり返される。今まで熱く語り合っていたアイデア、積み上げてきた努力が水の泡になる。

だが、反対意見を述べると、人間関係にヒビが入り、自分の立場も危うくなってしまう。だから、そのまま泣き寝入りするしかない。

頑張ってあちこち根回しをすれば、もしかしたらうまくいくかもしれないが、膨大なエネルギーと時間をかけて細かい根回しをしてまで、本当にやるべきことなのだろうか。

そんな現実を前にして、あなたは「やりたいこと」を実現するなんて大変すぎてムリだ、と諦めてしまってはいないだろうか。

上から指示されるままに仕事をこなした方がラクで効率がいい。自分の意見など言わないで、空気を読んでやり過ごした方が得だ。そんなふうに感じる人が増えれば増えるほど、みんなが保守的になって「事なかれ主義」が横行する。いつしか組織の成長は止まり、閉塞感が漂っていく。

もう一度、聞こう。

あなたは今、本当にすべき「仕事」ができているだろうか。「やりたいこと」をやれているだろうか。あなたの会社は、本当に成し遂げるべき事業に向かって、突き進めているだろうか。

本書では、あなたが本当に向かうべきことや仕事ができるようになるための「コミュニケーション方法」をお伝えする。「コミュニケーション方法」が変われば、あなたは仕事でもプライベートでも、もっとラクにやりたいことができるようになる。

「ラクなコミュニケーション」で成果を最大化させる

ガッカリさせてしまうかもしれないが、本書を読んで、見違えるほど「話し方」が上達したり、人見知りの人が積極的に大勢の人と関われるように大変身するなんてことは起こらない。

なにをかくそう、私自身、話し方のプロフェッショナルでもなければ、抜群に社交的な人間でもない。むしろ、大人数の輪の中に入って会話をするのは苦手だし、気の利いた冗談も言えないし、いわゆる「雑談」なんてできないタイプだ。それは今も昔も変わらない。

だが、デンマーク人と接しているうちに、そのままの自分でラクにできる「コミュニケーションのコツ」があることに気がついた。

それからというもの、人に会うのも、人間関係もグッとラクになった。何より自分が「ご機嫌」になれる。そうしたら、なんだか色んなことがうまくいくようになってきた。

本書の目的はずばり、「ラクなコミュニケーション」で、あなたの仕事、人生、ビジネスにブレイクスルーを起こすことだ。

本書を最後まで読んで「何の役にも立たなかった」と感じたら、迷わず本書を捨てるか、他の誰かに手渡してくれればいい。

だが、あなたが今の仕事や人生を少しでも変えたいと思っているのであれば、本書は必ずあなたの「武器」となって、あなたの人生を切り拓いてくれるはずだ。

本書の構成は、以下のとおりである。

第1章　雑談をなめるな！　――最高の成果は「3分の雑談」で決まる
第2章　壁打ち、壁打ち、壁打ち！　――うまくいくための最短ルート
第3章　雑談がチームを強くする――世界を変えるアイデアはひとりでは生まれない
第4章　日常に「余白」をつくれ――こうすれば、会話がもっと楽しくなる

第5章　やりたいことは、誰かに話せ――夢をかなえる「雑談と対話のチカラ」
終章　デンマーク人はなぜ雑談を大切にするのか――「活かし合う組織」「活かし合う社会」

ここで簡単に私の自己紹介をする。

私は大学院でデンマークの労働市場政策について研究した後、デンマーク人夫と結婚し、デンマークで暮らして15年になる。この15年間、デンマーク文化研究家として、現地での発見や気づきを様々な形で日本に向けて発信してきた。

コロナ禍《か》では、スマホで撮影した現地の様子やインタビュー取材を主要テレビ番組に届けていた。

20人以上のビジネスパーソンへのインタビュー取材に基づいて書き下ろした著書『デンマーク人はなぜ4時に帰っても成果を出せるのか』（PHPビジネス新書、2023年）は、多くのメディアや企業に関心を持っていただき、ありがたいことにベストセラーとなった。

このたび、本書執筆にあたって、さらに約40人のデンマークのビジネスパーソンへのインタビュー取材を決行した（取材メモだけで数冊分の本に相当するボリュームがある）。

取材対象者には、通常であれば話をする機会をつくってもらうことすら難しい「一流のビジネスパーソン」も多く含まれている。多士済々《たしせいせい》なデンマーク人のリアルな「仕事術」も大いに参考になるだろう。

経営者から学生まで参考になる、デンマーク人の「生メッセージ」

ＡＩで情報を得られる時代に、私がインタビュー取材にこだわるのは、直接会うことでしかわかり得ない情報が無数にあるからだ。

取材申し込みに対するメール対応の仕方から、取材の日時・場所の決め方、会ったときの服装から話す表情や息遣いまで、その人の存在自体が語りかけてくるものがある。また、こういったやり取りを通じて、彼らのリアルな「コミュニケーション方法」が見えてくる。

コペンハーゲンの街角のカフェでお茶に付き合ってくれた方もいれば、職場に招いてくれた方もいる。素敵なご自宅に招待してくれた方もいれば、遠方からタイミングを合わせてオンラインで対応してくれた方もいる。

彼らは、好意で、本書のインタビュー取材を引き受けてくれた。そして、何よりも嬉しかったことは、誰もが、誠実に、本音で話をしてくれたことだ。

取材を通じて、デンマークの成長している企業やイノベーションを起こしているチームや個人には、明確な共通点があることがわかった。

本書では、良いチームとともに自分がやりたいことを楽しく実現するための仕事の進め方やコミュニケーション方法を、彼らのパワフルな「生の声」とともにお届けする。

嬉しいことに、彼らのメッセージは、大企業にも、中小企業にも、個人にも活かせる。経営者にも、管理職にも、一般社員にも、起業家にも、起業を考えている人にも、パートタイムや派遣で働いている人にも、今は諸事情で仕事をしていない人にも、主婦にも、学生にも、誰にでもすぐに真似ができる。

だから、あなたが今どんな状況にあっても、どんな立場であろうとも、本書を読み終える頃には、あなた自身がブレイクスルーを起こすための道筋がうっすらと見えてくるのではないか。ぜひ、楽しみにしていただきたい。

本書をきっかけに、あなたにも、仕事に、ビジネスに、組織に、人生に、風穴をガツンと開けていただきたい。あなたの人生が本書をきっかけに動き出してくれたら、心から嬉しい。その暁《あかつき》には、いつかどこかで握手しよう。

まずは、出会いに乾杯。

また、「あとがき」で会おう。

目次●デンマーク人はなぜ会議より3分の雑談を大切にするのか

第1章 雑談をなめるな！

――最高の成果は「3分の雑談」で決まる

第2章 壁打ち、壁打ち、壁打ち！
――うまくいくための最短ルート

第3章　雑談がチームを強くする

——世界を変えるアイデアはひとりでは生まれない

なぜ、会議の多い組織はうまくいかないのか

ポジティブな会話でアイデアを引き出す

第4章 日常に「余白」をつくれ
――こうすれば、会話がもっと楽しくなる

「広げて閉じる」で最適解を導く

第5章 やりたいことは、誰かに話せ
――夢をかなえる「雑談と対話のチカラ」

終章

デンマーク人はなぜ雑談を大切にするのか

――「活かし合う組織」「活かし合う社会」

いつも変革が起きる国のすごい働き方

本文デザイン・組版　石澤義裕
企画協力　長倉顕太・原田翔太
編集　大隅元（ＰＨＰ研究所）

第 1 章

雑談をなめるな！

——最高の成果は「3分の雑談」で決まる

The Kingdom of Denmark

北欧の小国デンマークは、世界トップクラスの国際競争力を誇る。

ＩＭＤ（国際経営開発研究所）の調査によれば、デンマークの国際競争力は、２０２２年と２０２３年には２年連続１位、２０２４年には経済状況の影響で３位になったが、それでもトップ３だ（日本は、２０２２年34位、２０２３年35位、２０２４年38位）。

さらに、国際競争力を測定する４つの指標のうちの「ビジネス効率性」については、デンマークは「５年連続１位」という圧倒的な強さを示している（日本は、２０２２年51位、２０２３年47位、２０２４年51位[ii]）。

「ビジネス効率性が高い」と聞くと、みんながテキパキと仕事だけをしている様子を思い浮かべるかもしれない。だが、実際のデンマークの職場はのんびりしている。

さらに、短い勤務時間の中に「軽い雑談」を取り入れている。近況報告、ランチ、週に1回の朝食会の開催からチームメンバーの誕生日祝いまでする。

いったいどうなっているのだろうか。

デンマーク人への取材を通じて見えてきたことは、じつは、仕事とは関係なさそうな「軽い雑談」が、イノベーションを起こすきっかけとなり、仕事の成果につながっているということだ。

雑談と言っても、豊富な知識も気の利いた冗談もいらない。時間もかけなくていい。たった3分、軽く会話をするだけでいい。

さぁ、あなたもサクッと軽い雑談で楽しく成果を出してみよう。

会議より「3分の雑談」を大事にする理由
――仕事ではなく「好奇心」が起点

長時間の会議からイノベーションは生まれない

あなたも経験したことがないだろうか。

長時間にわたって何度も会議で話し合っても解決しなかったのに、誰かとたわいもない話をしているうちに、パッと解決策が浮かんだこと。

通勤中にバッタリ会った他部署の人と話しながら歩いていたら、思いもしなかった企画のアイデアを思いついたこと。

しばらく連絡を取っていなかったのに、ふと顔が思い浮かんで連絡をしてみたら、良い情報やアドバイスをもらえて視界が開けたこと。

矛盾するようだが、本当に良い仕事をするためには、仕事に「真面目に」向き合ってはいけない。むしろ、テキトーに気楽に構えて、誰かと雑談すると、意外にも突破口が見えてくる。

重たい空気が流れる職場から良いアイデアは生まれない。

緊張感が漂う会議室からイノベーションは生まれない。

長時間の会議を何回繰り返しても、良い解決策には辿り着けない。

本当に良い仕事をしたかったら、真面目に考えるよりも、軽いノリで、誰かに話しかけてみた方がいい。そこから予期せぬブレイクスルーが起こる可能性がある。

「ちょっと話そう」がきっかけで大きな成果に

コペンハーゲンの運河沿いに佇《たたず》むモダンな建物内にある「ブロックスハブ（BLOXHUB）」は、サステナブルな都市開発とイノベーションを促進する「ハブ」である。

同機関は、サステナビリティ事業に関わる企業や個人のみが会員になれるというユニークなコワーキングスペースを運営している。

コワーキングスペースには、カラフルなソファ、視覚的に面白い半個室の会議用ブース、オシャレな共有デスクなどが置かれている。他にも、コーヒーマシンのあるキッチンスペース、素敵な景色を見下ろせるルーフトップなどもあり、カジュアルに立ち話や、軽いおしゃべりができる。

ブロックスハブはそんな「カジュアルな場のチカラ」を活かして、企業・教育機関・研究機関・個人など、国内外の多様なステイクホルダーをつなげ、まさに「ハブ」の役割を果たしている。

同機関で働くヤコブとアンブリットによれば、このカジュアルなスペースには「何か」を起こすチカラがある。グローバルネットワーク担当のヤコブは、カジュアルな場での「数分間の雑談」が、侮《あなど》れない成果を生み出すと指摘する。

「**僕は今日、秋のイベントのために5分会議を2回したんだけど、それで一緒に仕事ができる可能性も見えたし、全体像が見えた。**後日改めて本格的な会議をセッティングするかもしれないけど、それよりも、このカジュアルなスペースでする軽い会話から自然と協力関係が生まれて、その後の成果につながっているんだと思う」

そう語るヤコブに、チーフコミュニケーションオフィサーのアンブリットは、こう補足する。

「私も今日の午前中に2回『ちょっと話そう』って感じで会って、お互いの近況報告をしてた。**それぞれ別々の取り組みでも、何かにつながることってあるじゃない?」**

ブロックスハブでは、多様な人を集めてカジュアルに様々なイベントを開催している。専門分野の異なる人たちが交流できる「出会いの場」からイノベーションが生まれる可能性があるからだ。

ポイント1 カジュアルな場のチカラを借りる

ポイント2 会議より「3分の雑談」を重視!

カギは「相手への好奇心」と「サッパリ感」

カジュアルな場での「3分の雑談」。この効力は、意外にも大きい。

じつは、私は別件の仕事でブロックスハブを訪問したときに「本を書こうとしてて……」とぽろっと話したことがきっかけで、２人とは良い感じのパートナーになっている。ブレインストーミング（複数の参加者が自由に発言してアイデアを出し合う会議手法）に付き合ってもらうこともあれば、人を紹介し合うこともある。

別に「仕事」ではないから、やらなくてもいいことばかりである。だが、楽しいし、面白いから、動いてしまう。肩の力が抜けた会話でお互いを活かし合って協力できるのは、とても気持ちがいい。

目の前の仕事とは関係なくても、とりあえず軽く近況を伝えてみる。
断られるかもしれなくても、とりあえず気になった人に声をかけてみる。
何にも協力は得られないかもしれなくても、とりあえず軽く相談してみる。
この「とりあえず」という軽いノリがポイントである。

所詮《しょせん》、雑談の一部に過ぎないので、それが何かにつながらなくても、それで当然と思えるところも良い。何も起こらなくても、後に残るのは、気楽な関係だけである。

だが、実際には、何にもつながらないように思えた会話が、後々に大きな意味を持つこともあるから、面白い。

では、効力を発揮する「軽い雑談」とは、どんなものなのだろうか。

カギは「相手への好奇心」と「サッパリ感」だ。

「軽い雑談」は、仕事に関係ない話をダラダラすることではない。噂話や世間話に盛り上がることでもない。自分が話したいことを一方的に話すことでもない。

たった3分でいい。エレベーターを待つ時間、オフィスから駅までの道中、飲食店で料理が運ばれるまでの間……誰かと過ごす「空白の3分」は日常のあらゆるシーンに存在する。

その時間で、相手が今、どんな仕事や活動をしているのか。どんなことに関心があるのか。何を求めているのか。どんな状況で、どんな気分なのか。こういったことを「好奇心」から尋ねてみる。

お互いに「好奇心」を持って会話するから、ちょっとした一言が「何か」につながりやすくなる。

ポイント3 「空白の３分」があれば、「とりあえず」軽いノリで話してみる

会議は冒頭の3分で決まる

コペンハーゲン市の会議でも3分の「雑談」の効用を活かしている。

コペンハーゲン市の職員として働くラーセン華子さんは、会議のファシリテーター役も務める。

そこでよく言われるのは、「会議は冒頭の3分で決まる」ということだ。

会議は「冒頭の3分」で決まる。

冒頭の3分に何も話さないと、その会議中に発言する心理的ハードルが高くなってしまう、というのだ。これは科学的にも証明されているらしい。

そこで、コペンハーゲン市が会議を開催する際に、冒頭によく取り入れるのが「チェックイン」である。「チェックイン」の目的は、お互いを軽く知って、その場の雰囲気を和《なご》ませることである。

要は、冒頭に「軽い雑談タイム」を取り入れるというイメージである。

「チェックイン」には、色んな方法がある。

たとえば、質問を投げて全員に回答してもらう、トピックを与えて隣の人と話してもらう。

床に絵や写真を散りばめて「今年の夏を象徴する1枚を取ってください。それについて1分話してください」というチェックインをすることもある。

冒頭に「ちょっとした雑談」を入れることで、初対面の人同士でも、あぁ、この人はこういう人なんだな、となんとなくお互いを知れて、親近感が湧く。

冒頭に「雑談タイム」を設けると、会議の進行役が参加者のタイプを把握できるという効用もある。外向的でよくしゃべる人なのか、内向的であまりしゃべらない人なのか、会議前に把握できれば、司会進行もしやすくなる。

外向的な人はしゃべりながら考える傾向があるのに対し、内向的な人は考えをまとめるのに少し時間がかかる。話す内容はなんでも良いので、冒頭の3分で内向的な人にも話してもらうことで、全員が会議で発言しやすくなる。

会議の冒頭に「チェックイン」という名の「雑談タイム」を設けてみる。それだけで、みんなが発言しやすくなるのなら、試してみる価値はありそうだ。

ちなみに、チェックインの時間は、会議の長さや特徴に合わせて、5分や10分に設定することもあるそうだ。

ポイント4　会議は冒頭3分に「雑談タイム」を！

「軽い雑談」が自然に生まれるスペース

「雑談」がある職場では、イノベーションが起こりやすい。

リーダー育成や企業コンサルをしているテアは、こう指摘する。

「上司がみんなの『雑談タイム』を大事にしてる職場では、イノベーションが生まれやすい」

たとえば、みんなで雑談をしているときに部下が何気なく話したことに、上司が「あ、それいいね」と反応して、そのアイデアを拾う。そんなところから、イノベーションの火種が生まれる。

デンマークの職場では、こういった「雑談のチカラ」を最大化させるために、ちょっとした会話をしやすい遊び心のある空間づくりや仕組みづくりをしている。

ノボ ノルディスク本社には、立ち話できるハイチェアがある（撮影：著者）

デンマークを代表する大企業である製薬会社ノボ ノルディスクの本社を例に挙げよう。

コペンハーゲンの北西にあるノボ ノルディスク本社の入口を入ると、まず目に入ってくるのが、吹き抜けのロビーだ。

中央には数本の木がそびえていて、天窓からは明るい陽が差し、まるでオアシスのような空間が広がっている。

ロビーの奥には、カフェスペースのほか、ちょっとした雑談ができるソファやベンチなどがある。また、廊下にもカウンターテーブルやハイチェアが置かれ、立ち話ができるスペースがある。

オープンで開放的で、軽い爽やかな空気が流れていて「仕事感」がない。

ポイント5 「雑談」からイノベーションが生まれる

ポイント6 「仕事感」のない開放的なオフィスづくりをする

週1回の朝食会を「雑談タイム」にする

ノボ ノルディスク本社の職場カルチャーづくりを担当しているオーレは、同社日本法人の社長を務めていたこともある。すらっと背が高く、丸型のメガネをかけた、誠実で紳士な方である。訪問すると、ジーンズにワイシャツとセーター姿で迎えてくれた。

「日本で仕事をしてたときは、仕事帰りによく社員と外食してました。夕食を食べた後、さらにハシゴして飲んだりもしてましたね（笑）」

懐かしそうに、日本で働いていた頃のことを振り返る。その語り口調からは、賑わう路地裏の夜の雰囲気が彷彿《ほうふつ》とするようで、この方は日本にどっぷり浸かってきたのだなぁ、となんだか嬉しくなる。

だが、デンマークの本社では、勤務後に飲み会などはしないと言う。その代わりに、部署ごとに年に数回のイベントや交流の場を設けている。

それから、週に1回、同じ部署のみんなで朝食会を開く。

オーレの部署では、毎週金曜日、オフィスで30～45分の朝食会を開催する。朝食を用意する担当者は毎週替わり、上司であっても部下であっても、同じようにその担当が回ってくる。

朝食会では、ちょっとした雑談をする。

ある人が「最近、運転免許を取得した」という話をすると、別の人が「自分は高齢になってから運転免許を取得して苦労した」という話をする。

こういった雑談をすることで、お互いの人柄や近況などがわかって親近感が湧くし、何よりも話しやすくなる。

「社外でないと話しにくいこと」はないのだろうか、と思って尋ねてみると、こんな回答が返ってきた。

「そういえば、デンマークでは、飲みに行かないですし、飲みに行く必要性も感じないですね。なんででしょう。不思議ですね……。

もしかしたら、**普段からプライベートなことも報告しあっているからかもしれません。週末に参加した誕生日会のことなんかも含めて、なんでも話してます。**

あと、デンマーク人は仕事上の反対意見も面と向かってストレートに伝えるので、飲みに行かなくても済むのかもしれませんね（笑）」

どうやら、デンマーク人のコミュニケーションは、想像以上にシンプルなようだ。なんでもストレートに話すから、水面下で細かい根回しをする必要もなければ、終業後に愚痴大会を開く必要もないのだ。

デンマーク人の人間関係は、軽くあっさりしている。職場の人とは、飲んでディープに話すのではなく、勤務時間中に「軽い雑談」をして、お互いのことをサクッと知る。

それだけで十分、コミュニケーションは取れるのだ。

ポイント7 終業後に「コミュニケーション」を持ち越さない

ポイント8 「愚痴大会」はＮＧ！

その人を「知る」から仕事が生まれる

――「素顔で話す」ことがもたらす意外なメリット

非日常空間で「役」を脱ぐ!

お互いを深く知れる良い雑談は「非日常空間」で生まれる。

洗練されたオシャレなノーハウン地区に、家具・インテリアブランドAudo Copenhagen（オドー・コペンハーゲン）がある。シックな紅色のペンキで塗られた建物の中に入ると、カフェラウンジが広がり、その半階上には明るい陽が差すショップ兼ギャラリーがある。落ち着いていながら視覚的に刺激があるAudoのスペースは、ちょっとした「非日常空間」だ。私のお気に入り空間でもある。

Audo のデザイン&ブランドディレクターであるヨアキムは、社内の打ち合わせにも、ショップやラウンジを使用することがある。開放的で自由な空間では、普段とはちょっと違う会話が生まれるからだ。

Audo Copenhagen のカフェラウンジ
（撮影：著者）

「**会議室に座ると、どうしても職場での『役』を演じてしまうからね**。こっちのラウンジやショップの方に来ると、いつもの仕事上の関係が崩れて、ちょっと違う感じでプライベートに話せるからいいんだよね」

Audo のカフェラウンジやショップに

は、ビジネスマンから学生、年金生活者、デザイナーまで、色んな人が立ち寄る。普段の「役」を脱いで、ゆっくりできる「非日常空間」。私たちはそんな場所を求めているのかもしれない。公園のベンチ、静かな温泉宿、開放的なカフェ……。

そんな空間では、いつもとはちょっと違う「良い雑談」ができる。

「外の風」を入れると世界が広がる

では、Audoはどうやって、良い雑談ができる「非日常空間」を生み出しているのか。

ヨアキムは、心地良く刺激的なクリエイティブな空間づくりには「外の風」を取り入れることが大切だと言う。

色んな人が行き交い、外から風が入ってくるところに「何か」が起きる。だからこそ、Audoは、色んな形で「外の風」を入れる。

「外の世界、違う世界で生きている人は、別の視点を持ち込んでくれる。僕はそれが好きなんだ。ここにひとりで座ってるだけだったら、僕らは自分たちの小さな世界に閉じこもって生きることになる。

外の人と関わって、彼らからのインプットが入ることで、自分たちの小さな世界を超えていける」

ヨアキムは、ダイナミックな「外の風」を入れるために、異世界の人との出会いやパートナーシップを大切にする。

ラウンジでは、ヨガやワークショップ、講演会、出版イベント、近所の人を招待する夕食会まで、幅広いタイプのイベントが開催される。

色んな人が行き交い、「外の風」が入ってくる場所は、刺激的な「非日常空間」になる。

そんな空間で「良い雑談」は生まれるのだ。

ポイント9 **異世界から「外の風」を入れる**

ランチタイム30分で「ちょこっと近況報告」

シチュエーションを変えるだけで「いつもの関係性」を崩すことができる。

あなたも体験したことがないだろうか。廊下やエレベーター、通勤中の道や駐車場などでバッタリ会って、ちょっとした会話をしたら、その人のいつもとは違う面が見えたこと。家族・日常生活・趣味などを垣間見て安心したこと。「役」を脱いだ「顔」が見えると、それが、仕事のしやすさにつながることもある。

趣味や関心を知ると、その人となりや、大事にしている価値観が見えてくる。そうなれば、チームで新しいことに取り組むときに「そういえば、あの人は？」と、その役にピッタリの適任者を思いつくこともできる。

自分のプライベートや趣味・関心を他のメンバーとちょっと共有しておくだけで、自分が面白いと感じるタスクが、自分のライフスタイルにも合ったムリのない形で舞い込んでくる。

デンマークでは、職場でのランチタイムも、「役」を脱ぐ時間である。

30分の短いランチタイムは、上司も部下もインターンもごちゃ混ぜだ。みんなが適当な席に座って、フラットに会話を交わす。

主な話題は、近況報告である。週末の出来事やら昨日の出来事やら、お互いの近況をアップデートして、息抜きをしながら、お互いの「状態」を感じ合う。

初対面の人と同席したときは、簡単な自己紹介をする。そして、この人とはもう少し話せそうだなと思ったら、プライベートの近況や自分の関心事などもちょこっと話す。そうすると、お互いの「顔」が見えるようになって、次から気軽に話せるようになる。

勤務時間中の「短い隙間時間」を、お互いをちょこっと知り、お互いの状況を軽く把握するために、最大限に活用する。それこそが、デンマーク人の大切にするコミュニケーションである。

もし読者のなかで、そんなに積極的に話しかけるなんて自分にはムリだ、と感じている人がいたら安心してほしい。デンマーク人は、とてもシャイな国民だ。少々遠慮がちで、そんなに社交的でもないから、初対面の人になかなか自分からは話しかけられない。でも、みんな、話しかけられたら嬉しい（笑）。ちょっと日本人に似ていないだろうか。
この人だったら話してもいい、そう思ったら自分のことを少し話すだけでいい。

ポイント10 「顔」が見えると、仕事がしやすくなる

ポイント11 ランチタイムにサクッと近況報告&自己紹介

私語は慎まなくてOK！

お互いを知ることを大切にするからこそ、デンマークの職場では、勤務時間中であって

も私語を慎まない。

仕事と関係ないことを長々と話すわけではないが、プライベートと仕事を完全に切り離すのではなく、プライベートのことも軽く職場で話す。

離婚していることも、再婚していることも隠さない。離婚して元パートナーと1週間ごとに交代で子どもの面倒を見ている人は、そんな情報も共有する。

そうすることによって、良い意味でお互いのプライベートに配慮し合えるし、お互いの「状態」を感じながら、ムリのないプランを立てて仕事を進められる。

デンマーク人と仕事をすると、プライベートのことをいきなり聞かれてビックリするかもしれない。年齢、家族構成、住んでいる場所、職歴……彼らはサラッと尋ねてくる。

一瞬戸惑うかもしれないし、失礼だと感じるかもしれないが、彼らにプライベートを詮《せん》索《さく》しようという気持ちは一切ない。ただ純粋に、一緒に仕事をする相手がどんな人なのかを知りたいという気持ちがあるだけだ。

また、こういった会話をしながら、相手がムリなく仕事ができそうかどうか、どんな形で働くのがベストかをさぐる、という目的もある。

知った情報を何かに使おうとは思っていない。当然のことだが、こういった会話は、お互いのプライバシーを守り、プライベートを尊重するという前提があるからこそ成立する。

余談になるが、私が驚いたのは、私のインタビュー取材中に、子どもからよく電話がかかって来たことだ。電話をとって、短く要件を聞いて「後で折り返すね」ということもあれば、その場で簡単に対応することもある。

子どもからの電話がかかってくるたびに、あぁ、この人たちは仕事人でもあるけれど、「パパ」であり「ママ」なんだな、と思う。

そして、それは「公私混同」というよりも、「私」を減さずに「公」の仕事ができる、人間らしい健康的な姿に見える（家族からの電話で仕事への集中力が妨げられないのかは少々謎であるが）。

ポイント12 プライベートと仕事を切り離さない

最初は「調子はどう？」から始めてみよう

ここまで読んでおわかりいただけたと思うが、デンマーク人的な「雑談」はハードルが低い。肩の力が抜けていて、誰でも今すぐ、ラクにできる。

豊富な知識も必要ないし、盛り上がるトークも必要ないし、時間を使う必要もない。

ただ単に、「調子はどう？」「最近何してるの？」と目の前の人にちょっぴり「好奇心」を持って尋ねるだけでいい。聞かれた側は、話したい近況があれば、相手の時間を奪わない程度に、ちょこっと話す。

初対面の人であれば「この人はどんな人なのだろう？　何に関心があるのだろう？」と、好奇心を持って、その人の「存在」を感じてみる。

好奇心から、お互いに負担のかからない「軽い会話」を交わすだけでいいのだ。

相手の話が自分の「アンテナ」に引っかかったら、良さそうな情報や人を紹介できるし、自分の話が相手の「アンテナ」に引っかかったら、良さそうな情報や人を紹介してもらえるかもしれない。

もし、共通の関心事があると判明したら、今すぐ何か一緒にできることもあるかもしれない。今すぐ何かにつながらなくても、将来の何かにつながっていくかもしれない。

けれど、あくまでも「雑談」なのだ。義務でもなんでもない。

だからこそ、ピュアな好奇心から、軽く楽しく会話ができる。

ブレイクスルーを起こすような本当の成果を生み出すのは、こんな軽く楽しい「雑談」なのだ。

ポイント13 「好奇心」のアンテナを張って会話する

第2章

壁打ち、壁打ち、壁打ち！

——うまくいくための最短ルート

The Kingdom of Denmark

第1章を読んで、デンマーク人が職場環境や時間の使い方を工夫しながら「軽い雑談」を積極的に取り入れていることがわかっていただけたと思う。

カジュアルな軽い雑談は、大きな仕事や新しい挑戦への「きっかけ」をつくってくれる。

だが、あくまでも「きっかけ」に過ぎない。「きっかけ」を活かし、大きく育てるためには、次のステップに進む必要がある。

そこから、次にあなたがすべきことは「軽い対話」である。

軽い対話をすることによって、あなたの進むべき方向性が明確になり、あなたはゴールに辿り着くための「最短ルート」を発見することになる。

あなたの仕事や人生にブレイクスルーを起こし、最高の喜びをもたらしてくれるのは「対話」である。

だが、無駄に長い会議のように時間をかける必要はない。打ち合わせのように向き合って何時間も話す必要もまったくない。

目指すは「軽い壁打ち」みたいなものである。

気軽に取り組めばいい。

デンマーク人はどのように「対話」をするのか。

本章では、その目的と方法を明らかにしていこう。

壁打ちでエラーを叩く

――最小限の時間・資金・エネルギーで成果を出そう

あなたが気づいていない「本当の課題」とは？

何かに取り組むとき、最初に確認すべきことがある。

「それは本当にすべきことなのか？」ということだ。

ブロックスハブのヤコブは会員企業の相談によく乗る。相談に乗っていて気がつくのは、そもそも課題設定の仕方が間違っているケースが多々あるということだ。

企業からでも個人からでも「〇〇をしたいのですが、どうしたら良いでしょうか？」という相談を受けたとき、まず問うのは「あなたがしたいことは、本当に〇〇なのでしょうか？」ということである。ヤコブの説明はこうだ。

「僕の任務の一つは、相談者が『本当は何を求めているのか』を理解しようとすること。**『本人がやりたいと言ってること』と『本人が本当に求めてること』は違っているかもしれないからね**」

たとえば、新製品を開発したいという企業があったとする。だが、ヤコブが相談に乗っているうちに、その企業が本当にやりたいことは、新製品の開発ではなく、会社全体のビジネスモデルの見直しであったと発覚することもある。

私たちは誰もが「死角」を持っている。

企業も同様である。物事をちゃんと見ているようで、じつは見えていないところがある。自分たちが「すべきこと」だと思い込んでいることは、じつは錯覚で、「本当にすべきこと」は別のところにあるというケースが往々にしてあるのだ。

ここで立ち止まって自問自答してみよう。

今、あなたが立ち向かっている「課題」は、あなたが本当に「立ち向かうべき課題」なのだろうか。

あなたが掲げている「目標」は、あなたが本当に「目指していること」なのだろうか。

狭い視野で物事を見ていると、目の前に現れた問題だけを解決しようとしてしまう。だが、目の前の問題は、もっと大きなシステムの問題から派生しているのかもしれない。だとしたら、本当に解決しなければならないのは、その大元にあるシステムの方の問題である。

身近な競合の動きや目に入ってくる最新情報を眺めていると、焦ることもあるかもしれない。

でも、彼らがやっていることは、本当にあなたの組織やあなた自身が向かいたい方向なのだろうか。

そうでないとしたら、あなたがすべきことは、まずは落ち着いて、あなたの組織あるいはあなた自身が本当に向かいたい方向を明らかにすることである。

ブロックスハブでは、解決すべき「本当の課題」を浮かび上がらせるために、より長期的・多角的な視点から物事を見て、相談者と「対話」する。

ポイント14 「本当の課題とは？」を問う

ポイント15 「本当の課題」に気づくために「対話」をする

成功の秘訣は、迅速に「エラーに気づく」こと

新規事業やスタートアップにも「対話」は欠かせない。「対話」と言っても長時間にわたって話すのではなく「壁打ち」のようなものだ。壁打ちをしながら「向かうべき方向はどこか」「すべきことは何か」を明確にしていくのだ。

コペンハーゲンのビジネス系専門学校でビジネスを学んでスタートアップに挑戦したシグリッドは、学校でビジネスアイデアを形にするための様々なメソッドを学んだ。そして、こういったメソッドには共通点があると指摘する。

「共通点は、トライアンドエラーを繰り返してアイデアを叩くところ。**大半のビジネスアイデアには、何かしらのエラーがある。だから、早い段階でたくさんのエラーに気がついて、どんどん軌道修正できた方がいい。**エラーに気がつくたびに『成功

に近づいている』と考えるの」

長時間にわたって話し込む必要はない。「壁打ち」のように軽くボールを打って反応を見るといった感覚だ。とにかく「軽い対話」という壁打ちを繰り返して、アイデアを叩いていく。

「ダメな企画」を引きずるのは、時間のムダ

この考え方はスタートアップだけではない。これまで複数の中小企業で家具や照明の製品開発を担《にな》ってきた女性シーラも、同じことを指摘する。

「企画がボツになるのは、できるだけ早い方がいい。その方が余計なコストを抑えられるし、時間の無駄もなくなるから。

いつかボツになる企画には、誰も時間もお金も費やしたくない。それよりも、みんな、

うまくいく企画に時間もお金も集中させたい。だから、ダメな企画にはできるだけ早い段階で気がついて、早く捨ててしまった方がいいの」

シーラによれば、これは彼女だけの考え方ではなく、デンマークで一般的な考え方である。

製品開発の場合、早い段階で、セールス担当、デザイナー、製品開発担当、マーケティング担当らが同じ場に集まり、それぞれの立場から意見を言う。そして、数回にわたって「壁打ち」をする。

「○○が問題かもしれない」という誰かの発言に対して、他の人が「その問題はこんなふうにすれば解消できるはず」と、その場で解決策を提案することもある。

このように、初期段階で各担当者が同じ場に集まって意見を伝え合うことで、早急にエラーに気がつける。また、エラーに対する解決策を一緒に考えることもできる。

早い段階で、色んな立場の人を同じ場に集めて企画を叩き、エラーを洗い出す。そうすることで、いつか立ち行かなくなるダメな企画をずるずると引きずって膨大な時間、お金、エネルギーを無駄にするリスクを回避できる。

チームの時間、資金、エネルギーの無駄遣いをやめて、本当にかけるべきところにみんなのリソースを集中して投入できるようにしたい。

そのために、早い段階で、色んな立場の人と、軽い対話で「壁打ち」をするのだ。

ポイント16 「壁打ち」でアイデアを叩く

ポイント17 エラーを発見するたびに「成功に近づいている」と考える

こうやって画期的なアイデアは生まれる

――「カジュアルで楽しい会話」「クレイジーな意見」

大きな変革は「出だし」が肝心!

「壁打ち」はとにかく早い段階でした方がいい。

建築業界でサステナビリティの視点からイノベーション推進に関わってきたエヴァの話は、含蓄《がんちく》に富んでいた。

エヴァはスイスで生まれ、コペンハーゲンで育ち、建築家としてニューヨークで5年、コペンハーゲンで7年、ロンドンで4年働き、その後、コペンハーゲンに戻ってきて、ビヤルケ・インゲルス率《ひき》いる建築事務所ＢＩＧ（ビッグ）で10年働いた後、最近になって独立起業した。

約25年間、そのキャリアを通じて、グローバルに第一線で活躍してきた女性建築家である。

コペンハーゲンのカフェで待ち合わせに現れたエヴァは、建築家らしくセンスが良く、エレガントで美しかった。彼女が紡ぐ言葉や表情には、プロの建築家としての風格を感じさせてくれるものがある。それでいて、まったく圧がない。とても柔らかい雰囲気の素敵な女性だ。

エヴァによれば、どんなスケールの建築プロジェクトも、イノベーションを起こすためには「出だし」が肝心である。

最終段階になると、素材の変更といったような小さな決定しかできないが、初期段階では、場所の選択から既存の建物をどうするかといった点まで「大きな決定」ができるからだ。

つまり、大きなイノベーションを起こせるのは「出だし」だけなのだ。

また、エヴァは、最初にコンセプト（何をしたいか）を明確にすることが重要だと指摘する。

「最初に『本当に解決すべき問題は何か』を見極めて、その問題を解決するための『強いコンセプト』を打ち出さないといけない。それがクリアできないと、最後の最後までトラブルに見舞われ続けることになる」

だが、「本当に解決すべき問題は何か」を見極めて、その問題を解決するための「良い解決策」を打ち出すのは、簡単なことではない。

だからこそ、エヴァは「出だし」のプロセスを甘く見積もってはいけない、と強調する。

ポイント18　最初に強いコンセプトを打ち出す

「くだらない会話」にイノベーションの原石が眠っている

解決すべき本当の課題を突き止められたら、次にするのは、出せるだけのアイデアを出し切ることだ。ポイントは「リミットを外す」ことである。

「あり得ない」「頭おかしい」「さすがにそれは……」「そんなのめちゃくちゃだ」と、すかさず飛んできそうな声を無視して、常識のリミッターを外して、とにかくみんなでアイデアを出しまくる。

人によっては「ちょっと！　あと2ヶ月で提出しなきゃいけないんだけど……！　今『空飛ぶピンクのゾウ』なんて話してる場合じゃないんだけど！」とパニックを起こしてしまうかもしれない。

だが、エヴァによれば、常識はずれの奇天烈《きてれつ》なふざけた会話をするプロセスがあるからこそ、イノベーションが生まれる。

どんなに忙しくても、「くだらない会話」ができるスペースは必須なのだ。

たとえば、みんなで座って冗談を言い合っているときに「焼却炉の上にスキー場つくっちゃうとか?」と、誰かが言う。「いや、それはさすがにクレイジーすぎでしょ」と笑い合ってるうちに「ん? 本当に? あり得なくはなくない?」と誰かがアイデアを拾う。

そんなふうにして、屋上をスキー場にする廃棄物発電所コペンヒル（コペンハーゲン）のような革新的なアイデアは生まれる。

誰のアイデアが採用されるかはわからない。20代のスタッフかもしれないし、インターン学生かもしれない。アイデアに年齢や経験値は関係ない。

まずは、制限をかけずにみんなでアイデアをぶち撒《ま》けてみて、そこから気になるアイデアをピックアップして、実現の可能性を探っていく。

社会に変革を起こすような画期的なイノベーションは、真面目な空気が漂う会議室からは生まれない。

自由な雰囲気の中で、楽しくバケツの中身をぶち撒けるように、クレイジーなアイデアを吐き出していく。イノベーションの原石はそんな「カジュアルな楽しい会話」にある。

何も考えていなかった青春時代に戻るように、腹を抱えて大笑いするくらいのテンションでアイデアをぶち撒けても良さそうだ。そして、ふざけてゲラゲラ笑いあう会話の中に光る「原石」を「拾う」のだ。

ポイント19 イノベーションは「くだらない会話」から生まれる

ポイント20 「くだらない会話」の中に光る「原石」を拾え！

『ニューヨーク・タイムズ』の表紙を飾れ！

「常識の枠を超えろ」「リミッターを外せ」と言われても、正直、困ってしまう人も多いのではないだろうか。ブレインストーミングをすると言っても、やり方がわからない人が大多数のはずだ。

そこで、私にもできそうで、面白いと感じたブレインストーミングの方法を紹介しよう。

とてもさりげなく、すごいブレインストーミングの方法を教えてくれたのは、ソフトウェア企業ゼンデスク（Zendesk）で開発チームの欧州リーダーを務めた後、今はソフトウェア企業 Be My Eyes の最高技術責任者を務めるイェスパーだ。

「**開発を始める前にチームのみんなで『プレスリリース』を書いてみるんだ**。まだ何も始まっていなくても、すでに開発を完了した状態を想定して、どんなデザインなのか、どんなプレスリリースにしたいのかって想像してみる。

その製品が、もし『ニューヨーク・タイムズ』の表紙を飾るとしたら、どんなふうに取り上げられてるか？　ってね」

いかがだろう。チームのみんなで『ニューヨーク・タイムズ』の表紙を飾っている様子を思い浮かべてみたら楽しそうではないか。
『ニューヨーク・タイムズ』がピンと来なかったら、どんなメディアでもいい。チームで作り上げたものが影響力のあるメディアに大々的に取り上げられているシーンを鮮やかに思い浮かべてみるのだ。

表紙にはどんな写真が使われているだろうか。見出しには何と書いてあるだろうか。
そして、素敵な表紙を飾るためには、チームはこれから何をしていけば良いだろうか。

ワクワク妄想してみたら、チームの進むべき道筋が見えてこないだろうか。

ポイント21 始める前に「プレスリリース」を考える

ポイント22 スゴいメディアに掲載された表紙をイメージする

コラム
COLUMN

ビャルケ・インゲルス率いる建築事務所ＢＩＧの「最強の壁打ち」

「対話」を重ねて、すごい壁打ちをするのは、建築家ビャルケ・インゲルス率いるデンマークの建築事務所ＢＩＧ（ビッグ）だ。ＢＩＧは、その革新的な建築を通じて、世界に変革を起こしている。

ＢＩＧが手がける建築は、米国のグーグル本社から、屋上でハイキングやスキーを楽しめるコペンハーゲンの廃棄物発電所コペンヒル、ニューヨークの高層ビル、スイスのチューリッヒ空港までと幅広い。

顧客から求められるニーズに応えるだけでなく、社会課題への斬新な解決策を提案するＢＩＧの建築は、人の流れを変え、周辺の街並みを変えてしまうくらいのインパクトがある。

じつは、ＢＩＧで15年近く働いている日本人がいる。瀬戸内海に浮かぶ離島に建てられた「NOT A HOTEL SETOUCHI」の設計を担当した小池良平さんである。小池さんは、世界初のレゴハウスの設計にも関わっていた人物だ。

「一番の問題点」をひっくり返して「ポテンシャル」に変える

小池さんによれば、BIGの革新的なデザインは「問題点をポテンシャルに変える」という発想から生まれる。

「設計案を考えるときには、まず問題点を洗い出して『一番大きな問題は何か』を突き止めます。そこから、**その『一番大きな問題点』をひっくり返して『ポテンシャル』に変えるためにはどうしたら良いか？　という視点で、たくさんのアイデアを出していくんです**」

いわば最大の弱点を最大の強みに変える作業だ。そのプロセスでは、何度も「壁打ち」をする。

まず、2〜3人のメンバーでアイデアを大量に出していく。そこから大量に出たアイデアを眺めながら対話をして、最終的には2〜3個のアイデアにまで絞っていく。

さらに、その後は、事務所のトップである建築家ビャルケとの「壁打ち」をする。ビャルケにアイデアを見せてフィードバックをもらう、というプロセスを数回繰り返し、できあがった最終案をクライアントに提案する。

難題であればあるほど「革新的な解決案」が生まれる

興味深いのは、小池さんの補足である。「一番の問題点」を「ポテンシャル」に変えるうえで、問題が難題であればあるほど、導き出される解決策が「革新的なアイデア」になるというのだ。

「問題点が多かったり、条件が難しければ難しいほど、出てくる『答え』は面白くてインパクトがあるものになるんです」

たとえば、コペンハーゲンの焼却炉建設で、一番ネックになった問題点は「焼却炉が持つネガティブなイメージ」だった。

そこでＢＩＧは「焼却炉が持つネガティブなイメージを、どうやったらポジティブなイメージに転換できるか？」という問いを立てた。

こうして生まれたのが、ゴミの焼却熱で電力や地域暖房を供給し、ルーフトップでハイキング・ジョギング・スキーまで楽しめるようにするという画期的なアイデアだった。

おかげで、廃棄物発電所コペンヒルは、焼却炉が持つネガティブなイメージを見事に払拭《ふっしょく》し、今では、市民にも観光客にも「愛される焼却炉」になっている。

問題が難しければ難しいほど、みんなが驚くような革新的な解決案を導き出せるのだ。

さて、あなたは何らかの問題を抱えているから、この本を手に取ってくれたのではないだろうか。

もしそうだとしたら、あなたは変革を起こせる「ポテンシャル」を持っているということだ。

しかも、あなたが抱える問題が大きければ大きいほど、画期的な変革を起こせる可能性があるのだ。


今、あなたが抱えている問題は何だろう。あなたの生活や人生における問題は何だろう。あなたの会社が抱える問題は何だろう。あなたの業界が抱える問題は何だろう。

それが難題であればあるほど、あなたはあなたの仕事を、人生を、チームを、業界を、社会を、大きく変革できる「ポテンシャル」を秘めているのだ。


なんだか、ワクワクしてこないだろうか。

第 3 章

雑談がチームを強くする

——世界を変えるアイデアは
ひとりでは生まれない

The Kingdom of Denmark

メンバーがそれぞれ自分のやりたい仕事をすればするほど、組織も成長していく。

組織のリーダーはメンバーが楽しんで自分の力を発揮できるように、最大限のサポートをする。

組織とメンバーの間に、そんな関係があったら最高ではないか。

なにも職場に限らない。家族や地域のコミュニティ、ＰＴＡ活動、友人同士だって相互に成長し合える関係性が望まれよう。

それぞれが挑戦を楽しみながら１２０％の力を発揮する。お互いの挑戦と成長を応援し合える。自分の持ち場で面白いと感じることに取り組むことで、チームにも組織にも評価され、感謝される。

そんなポジティブな循環で成り立つ組織は、いったいどうやったらつくることができるのだろうか。

個々の力を最大限に活かして大きく成長しているデンマークの組織を事例に紐解いていこう。

本章では、最強のチームを支えるデンマークの「ラクなコミュニケーション」「アイデアを引き出すポジティブなコミュニケーション」「トラブル対処法」をご紹介する。

あなたが仕事やプライベートで何らかの「チーム」に所属していれば、必ず役立つ情報になるだろう。

なぜ、会議の多い組織はうまくいかないのか

――弱小でも勝てる三つの条件

最強のチームはコミュニケーションがラク！

ここで一つ、あなたに伝えたいことがある。

最強のチームは「コミュニケーションがラク」なのだ。これはぜひ覚えておいてほしい。

デンマークの最強のチームには三つの特徴がある。

第一に、「少人数」である。
第二に、「でっかい夢」を共有している。
第三に、メンバーの「強みが異なる」。

つまり、個性豊かな少人数のメンバーが「でっかい夢」を共有し、お互いの強みを活かし合って、その夢を追いかけているのだ。

そして、そんな最強のチームは「ラクなコミュニケーション」で動いている。
何が「ラク」なのか、本章を読み終わる頃には手にとるように理解できるだろう。

小さなチームこそ、パワフルに動ける

一般的に、デンマークの組織は少人数でコンパクトである。だが、パワフルだ。

デンマークの企業や組織を訪問して、驚くことがよくある。

事業規模に対して、メンバーの数があまりにも少ないのだ。少人数精鋭で、無駄なく、ひとりひとりがフル回転して事業を回している。

デンマーク企業の85％以上が従業員数10人未満である。従業員が50人以上の企業は全体の3％にも満たない[iii]。

だが、企業規模の小ささは、問題ではない。むしろ、取材をしていると、小さなチームだからこそのメリットが多くあることに気がつく。

「小さな会社の方がフレキシブルで自由があって、自分がやりたいように動けていい」

「小さな組織の方が会議の数が少なくて、意思決定がスピーディーでいい」

取材中にも、こういった声を数多く聞いた。

小さなチームは、小回りが効いてスピーディーに動けるのだ。

ポイント23 小さなチームの方が動きやすい

建築家、エンジニア、学校の先生が「でっかい夢」を描く

ここで少数精鋭のデンマーク企業の一例を紹介しよう。

ソーラーラボ（Solarlab）は、太陽光発電のシステムを建材に一体化させ、デザイン性の高いソーラーファサードの開発製造をしている会社だ。近年のサステナブル化の波に乗って、世界中からオファーを請け、急成長している。

だが、コアメンバーは３人だ。現在は世界各国で約50のプロジェクトが同時進行中だが、セールスからプロダクションにいたる全部門のチームをコアメンバーの３人で動かしている。

どうやったら、少人数でダイナミックに事業を回すことができるのか。

社長のアナスによれば、それが可能なのは、個性がまったく異なる３人が、野心的なゴ

ールを共有しているからである。

もともと、アナスは建築家、他の2人はエンジニアと学校の先生だった。この3人が「世界をサステナブル化させる」という野心的なゴールを共有することで、勢いよく走り出したのだ。

「得意分野が違う3人が同じ目的を共有すると、大きく前進できる。僕らは、いつも建設的な良い議論ができるよ」

アナスは3人のチームプレーについて嬉しそうに語ってくれた。

世界を大きく動かすイノベーションは大企業にしか起こせない。というのは「幻想」である。

たった3人でも、革新的な商品を世に出せる。もちろん、親子、兄弟、仲間でだって。バラバラの個性が「でっかい夢」を共有すれば、物事を大きく動かすことができるのだ。

ポイント24 「バラバラの個性」×「でっかい夢」＝最強！

タスクではなく「ゴール」を明確にする

最終的なゴールが共有できていると、コミュニケーションはグッとラクになる。

ソーラーラボの社長アナスは、チームにとって大切なのは、具体的なタスクや指示を出すことではなく、最終的なゴールを共有することだと言う。

「今みたいに変化が激しい時代、マニュアルもTODOリストも役に立たない。そんなものはすぐに古くなって、使えなくなってしまう。重要なのは、現場にいるメンバーが、状況の変化に合わせて迅速に、自分で物事を判断できること。**何が起こっても、目指すべきゴールがわかっていれば、指示がなくても自分たちで判断して進んでいける**」

ゴールがわかっていれば、刻々と変わる状況のなかで「上」の判断を待たなくても、メンバーは自分でゴールを目指して進んでいける。

ゴールを共有するだけで、チームのコミュニケーションは一気にラクになるのだ。

ポイント25 変化が激しい時代、マニュアルもTODOリストも要らない

「わかりやすさ」は最強のコミュニケーションツール

では、ゴールはどうやって共有すれば良いのか。

参考になるのは、ビャルケ・インゲルス率いる建築事務所BIGのコンセプトの共有方法だ。

BIGは各建築プロジェクトの「コンセプト（何をしたいのか）」を、誰にでも理解できるようにシンプルに伝える。

わかりやすくするために、言葉にすることもあれば、アニメ風の図表にすることもある。そうすることで、プロジェクトに関わる人も、周辺地域の人も、みんなが同じ方向を向いて動けるようになる。

ＢＩＧ建築の「わかりやすさ」は、建築業界では「子どもっぽい」「シンプルすぎる」と揶揄《やゆ》されてもきた。だが、ＢＩＧで働く小池良平さんは、わかりやすさはとても大切だと強調する。

「『何をしたいのか』というコンセプトを共有すると、プロジェクトに関わる人が、一つひとつの細かい仕事をするときに『なぜここはこうする必要があるのか』を理解できるようになります。

そうなれば、**途中で色んな難題が発生しても、やらない言い訳を考えるのではなくて、なんとか実現させる方法を模索しようという姿勢になります**」

最初に、誰にでもわかりやすく、コンセプトをシンプルに共有する。それができれば、軸がブレなくなる。途中で目的を見失って、「不毛な話し合い」「答えが見えない対策会議」が始まるリスクも回避できる。

「ゴールをわかりやすく共有する」ことは、何にも勝《まさ》る「コミュニケーションをラクにする方法」なのだ。

ポイント26 ゴールを「わかりやすく」共有する

多様性はチームの「武器」になる

デンマーク流「最強チーム」の特徴として、

- 「少人数」である
- 「でっかい夢」を共有している

について述べてきた。もう一つ、

●メンバーの「強みが異なる」

を語るうえでポイントになるのは、メンバーの「強み」だけを活かし合うことだ。

ソフトウェア企業キューイット社（Queue-it）は、メンバーの強みを最大限に活かすため、得意分野の能力開発に力を入れる。ＣＥＯイェスパーの言葉が印象的だった。

「たとえば、うちの職場をサッカーのチームにたとえてみよう。

僕はオフェンスが強い人には、オフェンスだけを担当してもらって、もっと強いオフェンスになってほしいんだ。オフェンス担当者にディフェンス力まで高めてもらう必要はないんだよ。**誰にでも苦手なことはある。できないことに目を向ける必要はないんだ**」

メンバーの得意をどう伸ばすか。メンバーの得意をチームの中でどう活かすか。メンバーやチームの得意を会社にどう活かすか。お互いの強みだけを活かし合えば、最強のチームができる。

メンバーが苦手を克服できるようにサポートするよりも、メンバーが得意をもっと伸ばせるようにサポートする。その姿勢が最強のチームを育てるのだ。

ポイント27 メンバーの「強み」だけを活かし合う

相手が「苦手」なことは頼まない

デンマーク人はいつも相手の「個性」や「強み」にアンテナを張っているようだ。一方で、誰にでも苦手分野があることを認めて、苦手なことはできるだけ頼まないように配慮する。

相手が苦手なことを頼まない。

これも、じつは、コミュニケーションをラクにするうえでとても大切なことだ。

あなたも、苦手なことを頼まれたら「うわぁ、どうしよう」と、思わないだろうか。苦手なことを頑張ってしようとすると、時間もかかるし、判断も鈍る。何よりも、することと自体が億劫になってしまう。

そんな自分の心境を想像すると、他の人に対しても「その人が苦手なことを頼むのは酷なことだ」と思わないだろうか。

何かを頼んだとき、相手が面倒臭そうな態度をとってきたり、不機嫌になったり、対応にものすごく時間がかかったりしたら、あなたはイラッとするかもしれない。

だが、そんなとき、こう考えてみたらどうだろう。

もしかしたら、この人は、この作業が「苦手」なのかもしれない。

チームメンバーにも、仕事のパートナーにも、親子間でも、夫婦間でも、友達の間でも、相手が「苦手」なことは頼まない。

それだけで、コミュニケーションはグッとラクになり、人間関係が良好になるはずだ。

家具デザインを手がけるスティーネとアンは、取引先の得意・不得意を熟知している。どんな会社にも得意・不得意があるし、どんな人にも得意・不得意がある。

2人は仕事を依頼するとき、相手に苦手分野の話はせず、相手が得意なことだけをお願いする。そうすれば、ラクなコミュニケーションで、お互いに気持ちよく働けるし、良い結果を生み出すことができる。

相手の対応に「あれ？」と感じることがあったら、失礼だと思ったり、イラッとしたりせず、ひと呼吸置いて立ち止まってみよう。

「あ、もしかしたら、この人はこういうことが苦手なのかもしれない」

そう思えば、あなたも相手もラクにならないだろうか。

ポイント28 相手が苦手なことは頼まない

「強み」にフォーカスしたデンマーク企業の商品開発

デンマークでは、会社としても、苦手には手を出さず、得意を伸ばすことにフォーカスする。

あれこれ手を広げて多事業展開をするのではなく、自分たちの「強み」にフォーカスして、高付加価値の商品・サービスを開発するのだ。

だからこそ、デンマーク企業は、ニッチな業界でトップクラスの業績を出す。

たとえば、先に挙げたソフトウェア企業のキューイット社だ。

同社が開発販売している商品は、オンライン上の「仮想待合室」のみである。商品はたった一つなのだが、高度な技術で開発されているため、世界のどんな企業にも真似することができない。

おかげで、世界中の大企業が同社の顧客になっている。顧客には、ユニクロ、三越伊勢丹、モスバーガー、東京都なども含まれている。

CEOのイェスパーは、キューイット社について、こう説明する。

「僕らが開発してる商品は、とてもニッチな商品だ。だけど、**ニッチな業界をトップでリードしているから、そこには巨大なマーケットが広がってる。世界中の大企業が僕らの顧客になってくれる**」

たった一つでも「本当に価値のある商品」を生み出すことができたら、ビジネスの可能性は一気に広がる。

デンマーク企業は、あれこれ色んな事業に手を出してリソースを分散させるのではなく、強い事業にフォーカスして成果を最大化させる。

その結果、業界をリードできる企業に育つのだ。

ポイント29　「強み」にフォーカスして、チームの成果を最大化させる

コラム COLUMN

「得意分野」から画期的な発明が生まれる！

チームメンバーがクリエイティビティを発揮するためには、どうしたら良いのか。そもそも、私たちはどんな場面でクリエイティブになれるのか。

コペンハーゲン大学で約15年間アートの授業を担当し、現在はコペンハーゲン郊外の高校でデザインを教えているオランダ人のマートに尋ねた。

「クリエイティビティというのは、経験のうえに生まれるものなのです。ですから、**クリエイティビティを発揮するためには、その分野の基礎知識が必要なのです**」

マートの説明によれば、つまり、本当の意味で私たちがクリエイティビティを発揮できるのは、自分がよく知っている得意分野でのみなのだ。

きっとあなたにも心当たりがあるのではないだろうか。

得意なことに取り組んでいるときは「もっとこうしたら良いかも」「こんなふうにしてみたらどうだろう」と色んなアイデアが思いつく。

だが、苦手な分野やまったく知らないことに関しては、いったいどこから手をつけて良いかもわからない。

やはり、チームで仕事をする場合、それぞれが自分の得意分野を担当した方が、効率的だし、良いアイデアが生まれやすい。その意味でも、チームはお互いの「強み」「得意」を活かし合った方がいいのだ。

ポジティブな会話でアイデアを引き出す
――お互いを活かし合うコツ

うまくいかないのは「コミュニケーションの壁」があるから

成果を出してうまくいっているチームや個人には理由《ワケ》がある。

なぜあの会社は成長し続けているのだろう。なぜあの部署は成果を出しているのだろう。なぜあのチームは成績が良いのだろう。なぜあの人はうまくいっているのだろう。
たいていの場合、魔法のように次々と生み出されるスゴい成果に、大きなカラクリはない。ただ、そこには、メンバーが最大限の力を発揮できる「ポジティブなコミュニケーション」がある。

欠かせないのは次の三つである。

- 安心して話せる環境
- 誰の話でもちゃんと聴く
- 相手を否定しない

「ポジティブなコミュニケーション」さえあれば、結果は後からついてくる。

なぜなら、「ポジティブなコミュニケーション」は、関わるメンバー全員の知識や経験、アイデアを最大限に引き出してくれるからだ。さらに、出てきたアイデアがつなぎ合わさって、当初は誰も想像もしていなかった「妙案」が導かれることもある。

「仕事は仕事。話し方は関係ない」と、仕事とコミュニケーションを切り離して考える読者がいたら、ちょっと立ち止まって振り返ってみてほしい。

仕事でも趣味でも、あなたが本当に良い成果を出したとき、そこには一緒に喜びを分かち合える「誰か」の存在がひとりでもいなかっただろうか。

逆に、仕事がうまく進まないとき、物事がうまくいかないとき、そこには立ちはだかる「コミュニケーションの壁」がなかっただろうか。

コミュニケーションの質が仕事に及ぼす影響は計り知れない。コミュニケーションがうまくいっていなければ、いつか必ず破綻する。

逆に、「ポジティブなコミュニケーション」があれば、メンバーは前のめりに仕事に取り組んで、最大限にクリエイティビティを発揮できる。短期的にはうまくいかないことがあっても、長期的には様々な困難を乗り越えていける。

イノベーションを起こして成長している企業、実績を出している個人には、共通点がある。

彼らはポジティブなコミュニケーションで「お互いを活かし合う術《すべ》」を知っているのだ。

自分を知り、相手を知り、お互いを活かし合う。それさえできれば、あとは全部うまくいく。

イノベーションには「安心して話せる環境」が欠かせない

コペンハーゲンの運河が流れるホルメン地区に、海軍の砲艦収納庫をリノベーションした一連の木造建築が並んでいる。だが、歴史的な木造建築の扉を開けて、中に足を踏み入れると、ビックリする。そこには、モダンなオフィス空間が広がっているのだ。

初夏の明るい日差しが降り注ぐある日の朝、私はその建物群の一軒である建築事務所3XN／GXNを訪問した。

GXNイノベーション部門のチームリーダーであるコーアを訪ねると、ガラス張りの会議室に通してくれた。歴史的な木造建築とガラスという組み合わせがモダンで素敵だ。通路には、様々な素材やカラーパレット、模型が飾られていて、眺めているだけでも楽しい。

朝の10時、別の会議から戻ってきたコーアがやって来る。すでに彼の頭は高速にフル回転している。

コーアは、英国オックスフォード大学で人類学の博士号を取得した優秀な研究者でもある。デジタルデバイスや脳の仕組みに関する専門知識が豊富で、私の取材にもテキパキと早口で対応してくれた。

てっきりテクニカルな話になるのかと思いきや、意外なことに、イノベーションを起こすためには、職場での「安心して話せる環境」が重要なのだと指摘してくれた。

「そこに誰がいるか、組織がどんなふうに運営されているか、お互いにどんな話し方でコミュニケーションをとっているか。こういったことは、僕らのクリエイティビティにすごく大きな影響を与える」

コーアによれば、仕事の根幹には「連帯」がある。

一連の仕事のプロセスには色んな要素が複雑に絡み合っていて、どのフェーズにおいても、他人との「協力関係」が欠かせない。

建物の正面一つを設計・建設する場合も、デジタルチーム、建築家、エンジニア、ガラス専門業者など、多様なパートナーやチームとデータをやり取りしながら仕事を進めなければいけない。

他人との「協力関係」が欠かせないのは、建築業界のみならず、どんな業種でも同じではないだろうか。共同作業をするとき、良いコミュニケーションがとれていないと、細かい調整をしながらうまく共同作業を進めることができない。

そして、良いコミュニケーションをとるためには、お互いに安心して話せる環境が欠かせない。コーアはこう説明する。

「きちんと仕事を進めるためには『対話』をして不明点をなくす必要がある。だから、**職場には、みんなが安心して話せる環境がなくちゃいけない**」

コーアによれば、仕事に関わるメンバー全員が「自分にも居場所がある」と感じ、「自分の意見に耳を傾けてもらえている」と感じられなければいけない。

ＧＸＮの職場には、経験も年齢も関係なく、お互いの意見を聴くカルチャーがある。インターン学生のアイデアを国際的な大規模プロジェクトに採用することもある。スタッフの大半は20代で、入社してすぐに責任ある仕事を担うようになる。

コーアは、スタッフ全員が伸び伸びと仕事ができることの重要性を強調する。

「**職場は失敗を気にする場であってはいけない。それぞれのスタッフが、模索して、理解して、学んでいける場所でなきゃいけない。**何が起こっても、スタッフが安心感を持って自由に動けるというのは、ものすごく大事なことなんだ」

イノベーションという言葉を聞くと、新しいテクノロジーを思い浮かべる人は少なくないだろう。だが、デジタルデバイスの研究者でもあるイノベーションチームのトップが、イノベーションには「安心して話せる環境」が欠かせないと指摘しているのだ。

イノベーションを起こして成功したいと思っている企業は、まず足元の「コミュニケーション」に目を向けて、「安心して話せる環境」を整えてみるのはどうだろう。

あなたの組織では、みんなが安心して居場所を感じられるコミュニケーションをとれているだろうか。

ちなみに、GXNでは、定例会議の開催は必要最低限だ。

スタッフが「今、どんな感じ?」と声をかけに来たり、「ねぇねぇ、ちょっとこれ見て」と、近くの同僚にパソコンの画面を見せる形で会話が生まれる。

必要なタイミングでカジュアルに声をかけ合い、デスク周りで、1対1で軽く話す。

安心して気楽に話せる「カジュアルな対話」が良いアイデアを生み、イノベーションにつながっていくのだ。

ポイント30 **イノベーションを生むのは、安心して話せるカジュアルな対話**

相手が若くても、信頼して話を聞く

デンマークの職場では、若者が自分の好奇心やスキルを育てて成長しやすい。

ソーラーファサードを開発製造するソーラーラボでは、22歳のスタッフが海外の大プロジェクトを担当している。本人にやってみたいという気持ちがある限り、適切なサポートさえすれば、若いスタッフでも重役を担える、と考えるのだ。

社長のアナスに、若いスタッフに仕事を任せるのは怖くないのかと尋ねてみると、こんな回答が返ってきた。

「若いスタッフに大きな仕事を任せなければ、彼らの経験値が上がることはない。それでは永久に『上』を超えられないし、会社も成長しない。

若いスタッフが大きな仕事を担って成長してくれれば、僕もラクになるから、それがいい。

でも、任せるといっても、**うまくいかないことがあったら、若いスタッフの責任にする、というのは違う。うまくいかなかったら、みんなで問題解決にあたる。**そうすれば、それはみんなの『学び』になる」

デンマークの職場には、年齢や経験にかかわらず、本人に意思があれば、大きな仕事も任せていくカルチャーがある。おかげで、若くてもどんどん経験を積んでスキルアップしていけるのだ。

そして、それは、何かあればいつでも相談できて、何かトラブルが起これば一緒に問題解決にあたってくれる上司や会社のサポート体制に支えられている。

映画監督キャスパーも、自分が映画監督として独立できたのは、若くして色んな仕事に挑戦させてもらえる機会があったからだと振り返る。

キャスパーは専門学校に1年だけ通った後、知り合いのツテで映画会社で新人スタッフとして働き始め、映画制作のプロセスを学んでいった。職場にはみんなが発言でき、その中で一番良いアイデアが採用されるカルチャーがあった。

「**当時、僕は『一番下』で、若くて未経験だった。でも、職場ではみんなが僕の意見にも耳を傾けてくれた。**自分の考えが映画に反映されるのは面白かったし、それも自信になって、自分でも映画を撮ってみようと思えたんだと思うよ」

こうして、キャスパーは映画会社で働きながら、自分の映画制作も同時並行で進めて独立し、その後、仲間と映画会社を共同設立した。

現在、キャスパーの映画会社では、インターン学生や新人スタッフも、上下関係など関係なくフラットに話しながら作業している。

ポイント31 年齢・立場に関係なく、良いアイデアを採用する

管理職に必要なのは、「8割聞く力」

管理職の任務は、メンバーの管理ではなく、メンバーが持っている能力やアイデアを最大限に引き出すことである。

ソフトウェア企業Be My Eyesの最高技術責任者イェスパーは、米国で急成長を遂げたデンマーク発のソフトウェア企業ゼンデスクで10年以上働いていた経歴も持つ。ゼンデスクのコペンハーゲンオフィス立ち上げを担当し、200人以上の開発者をまとめるチームリーダーも務めていた。

リーダーとしてプロジェクトを成功に導くための秘訣について尋ねてみると、こう答えてくれた。

「リーダーにとって一番大切な能力は『聞く力』じゃないかな。**リーダーはとにかく自分**

の口を閉じて、相手の声に耳を澄ませた方がいい。みんなの意見を聞けば聞くほど、リーダーとして的確な判断ができるから」

メンバーには、色んなタイプの人がいる。外向的な人もいれば、内向的な人もいる。イエスパーは重要な決定をする前に、できるだけ全員の意見やアイデアを聞くようにする。だいたい８：２の割合で、話すより聞いている時間が長い。

みんなが発言しやすい形で会議を開くこともあれば、個人的に意見を聞きに行くこともある。会議では、誰が参加しているのか、誰がどんなふうに発言しているのかを、じっくり観察する。場合によっては、会議終了後に、「どう思った？」と一言声をかける。

「僕はリーダーとしてメンバー全員の意見に耳を傾ける。**そうすれば、みんなも自然に僕の言うことを聞いてくれるようになる**んだよ」

リーダーに必要な素質は、目標を掲げてメンバーを引っ張っていく強力なリーダーシップとは限らない。みんなの意見に耳を傾け、できる限りの情報、知識、意見、アイデアを引き出し、ベストな意思決定をする。それだけでいい。

イェスパーの話は「自分にはリーダーの素質なんてない」と感じている人に、新しい視点を与えてくれるように感じた。

あなたは他人の声に耳を傾けているだろうか。そうであれば、あなたも「良いリーダー」になれるはずだ。

ポイント32 リーダーはとにかく「聴く」

アイデアを引き出す！　ノボ ノルディスク本社のすごい会議

製薬会社ノボ ノルディスク社の本社には「アイデアを引き出す会議」が存在する。

それは、読者の皆さんが想像するであろう、長時間にわたる不毛な会議とは一線を画す。

現在、本社の職場カルチャーづくりを担当するオーレは、リーダーの役割は「チームに眠るすべてを引き出すこと」だと言う。

たとえば、リーダーとして意思決定に迷う際には、メンバーを招集して意見を聞く。「これに関してA案、B案、C案の選択肢があると思うんだけど、どう思う?」とオープンに相談して、メンバーの意見やアイデアを引き出すのだ。

また、チームで目標を達成したいときは、目標の達成方法についても、メンバーに一緒に考えてもらうようにする。

リーダーとして「この方法で目標を達成しよう!」とチームを引っ張ることはしない。その代わり、「僕らは今A地点にいる。目標B地点まで行きたい。ぜひみんなにもサポートしてほしい。どうやったらB地点に辿り着けると思う?」とメンバーに聞くのである。

このようにメンバーを巻き込むことで、メンバーの仕事へのコミットメントが変わってくる。オーレはこう説明する。

「具体的な指示を出すと、メンバーは指示には従ってくれますが、メンバーのモチベーションは上がらないんですよね。

でも、**『ここに辿り着きたいんだけど、どうやったら辿り着けるかな』と相談すれば、メンバーはその目標を達成するために、力を発揮してくれます。**自分で考えて前のめりで仕事に取り組むようになって『成長してる』『自分も組織で影響力を持てている』という感覚を持てるようになります」

こう聞くと、たしかに、指示を出すよりも、相談する方が、メンバーのモチベーションは上がりそうだ。少なくとも、参加者が「自分には関係ない」と言わんばかりに会議を放棄することはなくなる。オーレは続ける。

「何か提案を受けたときに『それはやめた方がいい』と却下してしまうと、せっかくのアイデアがそこで消えてしまいます。

だから、**誰からでも、何か提案を受けたときは、とりあえず『なに？ 話してみて』と話を聞いてみた方が良い**のです。**違うと思っても、自分のフィルターを外して、まず5分はその提案について可能性を考えてみる**んです。今すぐに使えなくても、今後の何かに活きてくることもありますから」

チームに眠る可能性を最大限に引き出すために、相手を否定しない「ポジティブ・コミュニケーション」をオーレは実践している。職場カルチャーづくりの担当者として、ノボ ノルディスク社のリーダー育成に尽力している。

ポイント33 **指示を出すより「相談」して、メンバーの意見を引き出す**

ポイント34 **どんな提案も、とりあえず5分検討する**

「僕には、アイデアがない」

デンマークデザインセンターのゲストリサーチャーとしてコペンハーゲンに一年半滞在していた本多達也さんは、日本を代表するイノベーターのひとりである。

富士通のソーシャル・イントラプレナー（社会課題を解決する社内起業家）として、音を身体で感じるオンテナ（Ontenna）を開発した人物だ。

「フォーブス社が選ぶ、世界を変える30人（30歳未満）」に選出されるなど、若手のイノベーターとして国内外で数々の賞を受賞してきた。現在は、落合陽一さんと「クロス・ダイバーシティ」というプロジェクトにも取り組んでいる。

本多さんに、イノベーションを起こす秘訣について尋ねてみると、面白い返事があった。

「じつは、僕には、アイデアがないんですよ。**アイデアは当事者や企業から生まれるもので、僕は色んな人をつないで、彼らから出てきた沢山のアイデアをつなぎ合わせているだけ**

なんです」

本多さんがいつも意識するのは、当事者と当事者ではない人のアイデアをつなぐことだ。当事者の意見を聞かなければ、本当に役に立つものを開発することはできない。だが、当事者の意見だけを聞いて開発しても、一般に普及するような広がりは生まれない。

当事者とそうでない人のアイデアをつなぐことによって初めて、みんなに喜ばれるものを生み出すことができる。

新しいものを創造するために必要なのは、アイデアよりも「人と人とをつなげるコミュニケーション力」なのかもしれない。

自分にはアイデアがなくても、色んな人のアイデアを引き出してつなげることができれば、誰もが「イノベーター」になれる。

製薬会社ノボ ノルディスク日本法人社長のキャスパーも、色んな人のアイデアを引き出して組み合わせることで、革新的なイノベーションが生まれると言っていた。

「天才でなくても、発明はできます。**革新的なアイデアというのは、異なる視点が交わるところに生まれるものなのです**。それぞれのメンバーがアイデアを出して、出てきたアイデアを組み合わせるだけで、今までになかった革新的なアイデアが生まれるのです」

キャスパーは、大企業における自身のキャリアにおいても、色んなチームを集めてアイデアや体験、意見を交換し、画期的なアイデアを生み出すプロセスを楽しんできた。

イノベーションを起こすために、アイデアはなくてもいい。大切なのは、自分の意見を主張することではなく、色んな人のアイデアを引き出して組み合わせる力なのだ。

ポイント35 アイデアを組み合わせると、革新的なアイデアになる

発言をするから、モチベーションが上がる

デンマークの会議では、全員が自分の知識・意見・アイデアを「テーブルに並べる」ように出していく。

立場などは関係ない。年齢も性別も役職も経験も一切関係ない。管理職であっても、インターンの学生であっても、同じように意見を伝え、みんながみんなの意見に「同じ比重で」耳を傾ける。

ベテランの○○さんの意見は貴重だから聞く、新人の○○さんの意見は参考にならないから聞かない、というような相違は一切つくらない。

なぜなら、最適解はいつでも、誰の発言であるかに関わらず「一番良いアイデア」であるからだ。

この会議法では、みんなが自分の意見を率直に伝えることが前提になっている。映画監督キャスパーは、会議で発言するときの様子を、このように説明する。

「テーブルに並べるように、意見を出し合って、なんでもオープンに話し合う。**みんなか**

ら期待されてる発言をするのではなくて、自分の気持ちに正直に、自分の考えを率直に伝える」

この言葉を聞いてハッとしたが、周りから期待されることを言うわけではなく、自分の気持ちや考えに正直になって発言するというのがポイントなのだろう。

そうでなければ、伝える意味がないし、後々になって「じつはそうは思ってなかった」ということが出てきて厄介《やっかい》になる。

みんなが意見を言えることは、みんなのモチベーションを上げることにもつながる。ノボ ノルディスク日本法人で管理職を務めるイェスパーはこう指摘する。

「全員の意見を聞くのは、すごく大事なことだと思う。**発言できなかったら、やる気も湧かないし、責任感を持って仕事に取り組めないと思う」**

ただ、このようなデンマーク流のオープンなディスカッションを成り立たせるためには、参加者のマナーも必須である。

たとえば、問題・課題を解決するために、建設的な意見を提案する。立場にかかわらず、みんなの意見に平等に耳を傾け、それぞれの意見を尊重する。反対意見を伝えるときにも、相手の存在や人格を否定しない。自分の意見はその場で伝え、会議が終わってから愚痴や不満を言いふらさない。

参加者全員がこういったマナーを守れると、最適解を導くための生産的な議論を気持ち良くできそうだ。

ポイント36 **会議では「テーブルに並べるように」全員の意見・アイデアを出す**

上層部とのコミュニケーションを諦めない

だが、「頭ではわかるけど、そんなの日本では難しいよ」という声があちこちから聞こえてきそうだ。

私もその気持ちはよくわかる。日本では上下関係を重んじるし、「空気を読む」カルチャーがある。出る杭《くい》は打たれるし、愚痴や悪口、噂話も日常茶飯事である。

そんな環境では「心理的安全性」が感じられなくて、とてもではないけれど率直な発言なんてできないよ、と感じるのは無理もない。

私自身も、日本ではどうしたら良いのだろうと思って、デンマークと日本の間でビジネスをしている人にアドバイスを求めてみた。すると、いくつかのアイデアを教えてくれた。

小グループで意見交換をする。意見を言いたそうな人を「○○さんはどう思いますか？」と指名する。1対1のときに個人的に意見を聞いてみる……。

なかでも、ノボ ノルディスク日本法人社長キャスパーの話が面白かった。

「先日、日本で開いた大きな会議で、**質問や意見を匿名で伝えられる機会を設けてみたん**です。そうしたら、普段は数名しか発言しないのに、ものすごい数のコメントが寄せられて本当に驚きました」

また、デンマークで駐在生活を送り、現在は風力発電業界で管理職を務める山田正人さんは日本人が話しやすい雰囲気づくりのために、いくつかのコツを教えてくれた。「管理職が先に腹を割って話す」「意見のありそうな人にはどんどん指名して意見を引き出す」「オンラインミーティングの席ではスライドを映して、一緒にその場で修正しながら話す」といったことである。

そっくりそのままデンマーク流というわけにはいかなくても、みんなの意見やアイデアを引き出すために、色々と工夫の余地はありそうだ。

さらに、山田さんは日本人の上下関係について興味深い点を指摘していた。

「日本の上下関係というのは、上からの圧だけでなく、下からも壁をつくっているところがあると思うんです。**『どうせ上に面と向かって言っても無駄だから……』と諦めるのではなく、ヘリコプター視点を持って、上司や会社の立場に立ってみたうえで、上層部に自分の意見を伝えてみる**と良いのでは。

もちろん、言い方は考える必要がありますし、みんなが理解してくれるわけではありませんが、話してみると、意外と話を聞いてくれる心ある方も上層部にはいるものです。私自身はそんな人たちのおかげで、日本の大企業にいながら面白いキャリアを経験することができました」

若手であってもコミュニケーションを諦めず、相手や会社の立場を考えながら建設的に提案すれば、「上」からの反応も変わってくるかもしれない。

ポイント37 **デンマーク流をマネするのではなく、日本でうまくいく方法を模索！**

コラム COLUMN

レゴ社のクリエイティビティを引き出すオフィスデザイン

アイデアを引き出すためには、オフィス空間も重要である。創造性を伸ばす空間デザインを手がけるローザン・ボッシュを訪ねた。

彼女はコペンハーゲンにデザインスタジオを構えるオランダ人で、数々の国際的な賞を受賞し、米国ハーバード大学で「遊び」に関する理論について教鞭を取っていたこともある。何ヶ国語も流暢《りゅうちょう》に操る、ハスキーボイスのパワフルで力強い女性である。

ローザン・ボッシュは、レゴ社の開発部のオフィスデザインを手がけたことがある。彼女が目指したのは、メンバー全員のニーズを満たすことと、みんながクリエイティビティを発揮できるオフィスづくりだった。

彼女は、レゴ社のスタッフが「働く理由」についても考えてみた。

彼らがレゴ社で働いているのは、何よりも「レゴが好きだから」である。であれば、大好きなレゴを眺めながら仕事ができたらモチベーションが上がるのではないか。

そう考えて、みんながレゴを眺めながら働けるオフィスのデザインを提案した。地下の倉庫に眠っていた過去のレゴブロックをオフィスに移し、スタッフの目に触れるようにしたのだ。

好きなモノに囲まれて働くメリット

このアイデアは、レゴ社のスタッフにとても喜ばれた。開発者は過去のレゴブロックを眺めながらインスピレーションを得られるようになったし、他のスタッフも、大好きなレゴに囲まれて仕事ができるようになったのだから。

好奇心が刺激されれば、自然と雑談が増えて、生産的な対話が生まれる。メンバーは挑戦を恐れず、力を発揮できるようになる。

ローザン・ボッシュによれば、オフィスのドア、階段、棚に置いてあるもの、デスク、椅子、壁の色……空間が私たちに与える影響は、想像以上に絶大だと言う。

停滞感が漂っている企業は、メンバーが好きなものを飾って、好奇心を刺激するようなオフィスに改装してみるのも良いかもしれない。

「対立」は成功のスパイスになる
――人間関係のトラブルへの対処法

「仕事の関係」と割り切る

ところで、デンマーク人はいつでもどこでも建設的な議論をしてうまくいくのだろうか、という疑問が湧いてくるかもしれない。もちろん、デンマーク人でも、うまくいかないことはある。

デンマーク人もやはり人間である。人それぞれに好き嫌いもあれば、相性もある。

そこで、相性が合わない人との仕事の仕方や、どうしても人間関係がうまくいかない場合の対処法について聞いてみた。これがなかなか興味深い。

労働組合運営管理局（Fagenes Bofællesskab）のトップを務めるケネットは、職場で起こり得る問題のなかで一番厄介な問題は、メンバー同士の相性が合わないケースであると言う。

ケネットは、その場合は「**ここは仕事をする場だから、お互いを好きになる必要はない**」と伝え、割り切って仕事してもらうようにする。

だが、時には、間に入って揉《も》め事を止めなければならないこともある。

ポイント38 職場では、お互いを好きになる必要はない

相性が悪い2人の仕事を「分離」する

建築家として第一線で20年以上働いてきたエヴァは、うまくいっていないプロジェクトを立て直す役を引き受けることも多い。

そして、悲惨な状況に陥《おちい》っているプロジェクトの裏には、必ずと言っていいほど「人間関係の問題」がある、と指摘する。

「仕事で成果を出したかったら、何か問題があったときに、ちゃんと話さなくちゃいけない。でも、**いい人間関係がないと、話すことすらできない**。だから、仕事の成果は、人間関係で決まると言ってもいい」

人間関係がうまくいっていない場合、すぐ近くの席で仕事をしていても、会話を交わすことなく、メールだけでコミュニケーションをとっていることが多々ある。エヴァによれば、こういった関係からは、どうやっても良い仕事の成果は生まれない。

逆に、良い関係があれば、一日中一緒にいても苦にならないし、何かあったときに質問も相談もしやすい。そして、それは仕事の成果としてはっきりと表れる。

人間関係の修復には、膨大なエネルギーが必要だ。しかも、頑張ったところで、関係が修復できるとは限らない。

その場合、エヴァは、関係修復の努力をするよりも、相性の悪い２人の仕事を分離して、２人が共同作業をしなくても済むように対処する。

ポイント39 相性が悪い２人は、共同作業をしなくて良いように「分離」する

欠点ではなく「方向性の相違」と考える

約15年間にわたって映画プロデューサーを務めてきたモニカは、アカデミー賞にノミネートされるなど華々しいキャリアの持ち主である。プロデューサーとして、これまで様々な人と協力して映画制作をしてきた。

１作品の制作には少なくとも１００人から１５０人程度が関わり、その制作プロセスでは色んな壁にぶつかる。何か問題が起こったときには、どのように対処するのだろうか。

モニカが意識していることは、まずは対話をして、何が問題になっているのかを正確に把握することである。そして、どんなときも、いい作品を作るためのベスト解を模索する。

「**『この作品にとっての最適解は何か』ということを、常に第一優先に考えるようにしてる**」

つまり、何か問題が起こっても、誰かの責任追及にフォーカスするのではなく、状況を把握したうえで、建設的に解決策を導くのである。

モニカによれば、一般的に、デンマーク人は感情を脇《わき》に置いて、合理的に物事を解決していく傾向がある。どんな状況でも、冷静に「問題解決」にフォーカスする。

また、人はみんな違うので、それぞれの方向性やスタイルに相違があるのは当然であると考える。モニカは、このように説明する。

「何か問題があっても、誰かが間違ってる、というふうには考えないようにしてる。**誰か**

が仕事ができないわけでも、間違ってるわけでもない。私たちはみんな違う方向性やスタイルを持ってるのだから」

何か問題があっても、誰かに欠点があるのではない。ただ、方向性やスタイルの相違があるだけなのだ。

ポイント40 感情を脇に置いて、「成果」にフォーカスする

「耳の痛いこと」を伝える効果的なフィードバック

クリエイティブ業界で長年キャリアを積んできたマリエ・ルイーセは、対立は必ずしも悪いことではない、と指摘する。

「最高の成果というのは、意見の不一致を恐れずにぶつかり合って、そこから一緒に解決策

を導き出せたときに生まれるもの。だから、『批判』にもオープンに耳を傾けるのは、とても大切なこと。『批判』をしっかり受けとめると、そこからいいアイデアを思いついて、最高の瞬間が訪れるの」

彼女によれば、最悪なケースは、批判に耳を傾けずに、そのまま商品化してしまうことである。そうなると、結局、売れない商品や欠陥品が市場に出回ることになって、誰も喜ぶ結果にならない。だから、批判に耳を傾けることは大切なのだ。

「ネガティブなフィードバックを受けると、一時的に嫌な気持ちになるかもしれない。でも、**それで終わりにするのではなくて、そこから再出発しようと思うことが大事なんだと思う**」

ただし、ネガティブなフィードバックも、内容や伝え方が大切である。個人的な批判や相手を否定してはいけない。

彼女は、「サンドイッチモデル」という建設的なフィードバックの方法を教えてくれた。これは、実際にデンマークの口頭試験の試験官の間でもよく使われているフィードバック方法だ。

「サンドイッチモデル」～フィードバックの方法

1　取り組んでくれたことに感謝の気持ちを伝える。
2　気になった問題を指摘する。
3　きっとうまくいくから健闘を祈っている、と伝える。

これならば、フィードバックを受けた側も嫌な気持ちにならない。

また、問題を指摘するときは、相手の立場になって話すことが重要である。相手の気持ちになって、相手が何を考えてそのようにしたのかを推測する。

決して、「なんで○○しなかったんですか？」とか、「○○すべきだったと思います」と相手を責めてはいけない。

そうではなく、「なるほど、○○をしたいんですね。そういうことでしたら、こんな方法もありますよ」と、相手を否定せずに、別の方法を提案するのだ。

問題点を伝えるときは、相手を否定するのではなく、本人が気づいていない「別の視点」を提供してあげること。また、伝えるときは、最初に感謝の気持ち、最後に応援の気持ちを添える。

いかがだろう。これだったら、あなたにもできそうな気がしないだろうか。

仕事だけでなく、色んなシーンに使えそうだ。家族、親戚、恋人、仲間、友達、知り合いに問題点を伝えたいとき、「サンドイッチモデル」を活用してみるのはいかがだろうか。

相手を否定せずに別の視点に気づかせてあげる。それを、感謝と応援のメッセージで挟むのだ。

ポイント41 「別の視点」に気づかせてあげる

ポイント42 問題点の指摘は、感謝と応援のメッセージで挟む

「会議後の悪口」を阻止する意外な方法

メンバー間の意見の不一致を解消できないまま、一緒に仕事をしていかなければならない場合はどうすればいいのか。

製薬会社ノボ ノルディスク本社で職場カルチャーづくりを担当しているオーレに、どうしても意見がまとまらない場合はどうするのかと尋ねてみると、真剣に答えてくれた。

ポイントは「決め方」を、最初に明確に説明することである。

たとえば、会議を開くとき、トピックに合わせて最適な「決め方」を考えておく。

この会議は、最終的に全員が合意する必要があるのか、全員が合意できなくても多数決で決めるのか、意見を出してもらって最終的に誰かが決めるのか……。冒頭で「決め方」を説明し、ルールを共有するのだ。

「この件は、全員が合意する必要があるので、意見が一致しない場合は、みんなの意見を擦り合わせて合意に持っていく必要があります」

「この件は、意見が一致するものではないと思いますので、最終的には多数決で決めます」

「この件は全員の意見を聞いたうえで、最終的には私が決めます」

このような形で「決め方」を冒頭で説明することで、参加者全員の希望どおりの結論に至らなかった場合にも、文句が出るのを避けられる。

また、満場一致ではなかった場合、必要性を感じたら、反対意見の人へのフォローも忘れない。納得しておらず、不満を抱えていそうな人には、会議の後で個人的に話をしに行くのだ。

「反対しているのはわかってる。ただ、A・B・Cという他の要素もあるから、こういったことも考慮して、今回は私の責任でこう決定する。ぜひ、この決定をバックアップしてもらいたい」

個人的に話をしに行って、こういったフォローをする。そうすることで、後になって「自分はこう思うのに、違う決定をされた」と、他の同僚に悪口を言いふらされるのを防ぐのだ。

オーレはとても誠実で柔らかな人柄である。だが、真剣にフォローアップの話をしてくれる彼の姿には、大企業で管理職を歴任してきたリーダシップを感じた。重要な場面では、メンバーと踏み込んだ対話をしっかりするのである。

オーレによれば、悪口の蔓延《まんえん》を防ぐのは重要である。悪口が広がると、組織はバラバラになってしまうからだ。

ポイント43 会議の冒頭で「決め方」を伝える。ただし、反対者へのフォローアップも忘れない

対立意見を交わしながらも、穏やかでいられるデンマーク人

デンマーク人は問題を包み隠さず、対話を通じて問題を明らかにしていく。

そして、目的を達成するうえでベストな選択は何なのか、お互いに歩み寄って合意に至れる問題なのか、妥協して一緒にやっていけるのか、それとも、一緒にやっていくうえでは致命的な問題を抱えているのか、といったことを対話しながら探っていく。

「臭い物に蓋」をせず、対話を通じてグリグリッと問題をこじ開けて、問題の核心に迫るのである。そして、特定の誰かが悪いと決めつけるのではなく、考え方やスタイルの違い

を認めたうえで、その件に関するベストな解決策を模索する。

余談になるが、デンマーク人が、子どものために、離婚した元パートナーとも関係を断たずに付き合い続けられるのも、そのせいかもしれない。

デンマークでは、離婚しても元パートナーと交代で子どもの世話をし続けるのが一般的だ。子どもの誕生日や記念日には、元パートナー同士が、お互いの新たなパートナーも一緒に連れてきて、みんなでお祝いすることもある。

同じ場に「複雑な関係」の人たちが集まって、穏やかに時間を共有するのである。

そんなデンマーク人のプライベートライフについて見聞きするたびに、いったいどうなっているのだろう？　と不思議に思っていたのだが、それが可能なのは意見の不一致を受け入れるコミュニケーション方法のおかげなのかもしれない。

「デンマーク流のコミュニケーション術」は、仕事でもプライベートでも、まさに最強である。

ポイント44 「臭い物に蓋」をせず、対立意見の存在を認める

第 4 章

日常に「余白」をつくれ

——こうすれば、会話がもっと楽しくなる

第3章では、チームの成果を最大化させるためには「ポジティブなコミュニケーション」が大切であると述べた。そして、アイデアを引き出す対話やトラブルへの対処法など、色んなコミュニケーション方法を紹介してきた。チームの成果を最大化させるために、最後に、もう一つ大切なことがある。

それは、チームのメンバーに「余白」を与えることである。

日常に「余白」がないのは、ぎっしり文字が詰められた本のようで、遊び心に欠ける。

「余白」には、雑談や対話を充実させるのはもちろん、さらにはその先の人生をも変えるチカラがある。そんな「余白」をデンマーク人はどのように活用しているのか。さっそく見ていこう。

「いつもと違う活動」から新しい世界が始まる

——雑談の花を咲かそう

忙しいからこそ「ひと息」入れる

デンマークの組織や社会は「余白」を大切にしている。時間が空いているからと言って、予定を色々と詰め込まない。

ここぞ、というときには情熱的に頑張るけれど、ひと段落ついたら、必ず「ひと息」入れる。そして、チームのメンバーもしっかり「余白」を持てるように配慮する。

空いた時間には、親しい友人や親戚と過ごす以外にも、DIY、スポーツ、料理、読書、ミュージアム巡り、旅……人によってすることはそれぞれである。

ポイントは、忙しい日々のなかでも、別の活動をする「余白」を忘れないことだ。「余白」がチームにもたらす効用は、主に二つある。

一つは、余白があることによって、メンバーがエネルギーを充電できて、コミュニケーションが軽く楽しいものになる。

もう一つは、余白があることによって、メンバーが別の活動を通して得た情報・体験・アイデアをチームに持ち込んでくれる。

それぞれが「余白」を持てると、メンバーがポジティブなエネルギーとともに、最新の情報や体験を運び入れてくれて、チームも元気に成長できる。

オンは組織のトップ、オフはボランティア活動

労働組合運営管理局のトップとして働いているケネットは、毎年夏に開催される北欧最大のロックフェスであるロスキレフェスティバルのボランティアもしている。

ボランティアと言っても、単なるスタッフではなく、会場の一画を運営するプロジェクトリーダーである。６月のフェス開催のために、年間の膨大な時間を使って、ボランティアスタッフのチームを取りまとめてプロジェクトを動かす。

組織のトップとして責任ある仕事をこなし、２児のパパでもあり、忙しい日々を送っているはずなのに、なぜまた大きな責任のあるボランティア活動までするのか。

不思議に思って尋ねてみると、こんな回答が返ってきた。

「たしかに、ボランティア活動にはすごく時間も使ってる。でも、**僕は仕事以外の違う活動をすることでエネルギーをもらえるんだよ**。たくさんの人と共同作業をして一緒に何か

をつくりあげるっていう体験は、すごく楽しいんだよね」

ケネットがそんな話をしてくれたのは、ご夫婦で私を自宅に招待してくれた平日の夜だった。

妻のカトリーネの帰宅時間が遅い日で、ケネットはエプロン姿で台所に立ち、前菜もメインも用意して素敵なディナーをご馳走してくれた。

いったいケネットのこのエネルギーはどこから来るのだろう。とても楽しいひとときだった。

ポイント45 仕事以外の「活動」がエネルギーになる

良いアイデアが浮かぶ人は、趣味を楽しむ人

製薬会社ノボ ノルディスクは、社員が健康でバランスのとれた生活をしている方が、

仕事のパフォーマンスも上がるという考え方をする。

ノボ ノルディスク日本法人の社長であるキャスパーは、自身の働き方を振り返っても、働きすぎない方が良い仕事ができると言う。

「週に60時間以上働いていた時期があるのですが、その頃は、ただ右から左にタスクをこなすだけになっていました。しかも、当時こなしていたタスクは、それほど大きな価値を生み出していたとは思えません」

その経験も踏まえて、キャスパーは、自分自身も社員もワークライフバランスのとれた「余白」のある生活をした方が良いと考える。

「社員があまり働きすぎないことは、会社にとっても良いことだと思います。私自身も働きすぎない方が、クリエイティブになれて、良いアイデアを思いつくんです。

それに、**長時間働いている人よりも、趣味を楽しんでいる人と会うと、エネルギーをもら**

えます。趣味でバンド活動をしていたり、ワインや料理を学んでいたり、旅行をしたり、子どもたちと一緒に過ごす時間を大切にしていたり……」

彼によれば、クリエイティビティは、ビジネスパーソンにとっても重要である。今日《こんにち》のように世界が刻一刻と変化する時代には、世の中の動きを見ながら、常に新たな道を開拓していかなければならない。どんな業種であれクリエイティビティは不可欠であり、その源泉は仕事以外の「余白」にあるのは言うまでもないだろう。

ポイント46 働きすぎない方がクリエイティブになれる

森を散歩しながらインプット完了！

「脳は休むことによってクリエイティブになる。生産性が上がり、仕事も進む。**休むからこそ、新しい知識を得ることもできるし、喜びを感じることもできる**」

こういった考えから、デンマークの企業や自治体に週休３日制の導入を推進しているのは、テイクバックタイムという会社を経営するペニーレ・ガーデ・アビルゴーだ。

ペニーレによれば、時間を意識的に使い、日常にいつもと違う活動を入れることで、脳がクリエイティブになり、生産性がアップする。

週休３日制に抵抗がある企業には、週に１日「いつもと違う活動」を取り入れることを勧めている。たとえば、何らかの講座を受講したり、日常業務とは違う仕事をしてみるのも良い。


ちなみに、教師として働いている私の義姉ルイーセは、定期的に森を散歩する時間をつくって、散歩しながらポッドキャストを聴いている。その内容を、授業で話すネタや教材として活用することもある。

一見、仕事とは関係ない森の散歩時間のおかげで、話のネタや教材に困ることなく、自分も生徒も飽きない授業ができるのだ。

休むことに抵抗がある人は、このように、しなくても仕事は回るけれど、やった方が仕事のクオリティがアップするような活動を、1週間のルーティーンに組み込んでみると良さそうだ。

休むことに抵抗がない人は、ストレス発散になるような好きなことを思いっきり楽しむのもいい。スポーツを始めて健康的な生活を送れるようになるかもしれないし、趣味を通じて面白い人に出会えるかもしれない。

週に1回の「いつもと違う活動」から、新たな世界が開けるはずだ。

ポイント47 週に1回「いつもと違う活動」をしてみる

仕事に行き詰まったら、他業界を覗く

では、好きなことを仕事にしている人はどうすれば良いのか。

家具・照明などの製品開発を担当するシーラは、仕事好きの20代女性である。４年間にわたって、デザイナーとエンジニアの間に立って製品開発を進める仕事を手がけてきた。シーラはデザインの仕事が好きで、とくに自分を「素材オタク」と認めるほど、素材に対する情熱を持っている。

「私にとっては、すべてがインスピレーションの源泉。**インスピレーションを得るためにショップを覗いてみたり、メッセやイベントに足を運んだり、他の業界の情報を仕入れたり……なんでもする**。たとえば、この椅子の素材は、自動車業界から持ってきた素材なの」

シーラにとって、同じ業界ですでに誰かがやっていることを真似するだけでは退屈である。まったく別の業界でやっていることを自分の業界に持ち込んで試してみるのが面白い。

行き詰まったとき、良いアイデアが思い浮かばないときは、どうするのかと尋ねると、こんな返事があった。

「とにかく、自分とはまったく関係がない世界を覗いてみる」

シーラにとっては、自分の日常や自分が知っている世界から離れれば離れるほど、仕事に使える面白いインスピレーションを得られるのだ。

仕事好きな人は、あえて、自分がいる業界や日常とは「まったく違う世界」を覗いてみると、仕事にも使える意外なヒントに出合えるかもしれない。

ポイント48 他の業界からインスピレーションを得る

メンバーにインプットの時間を与えているか?

ワークライフバランスを大切にするデンマークでも、本当にやりたいことを仕事にしている人は、趣味もプライベートも、境目が曖昧《あいまい》である。

仕事はライフスタイルであり、アイデンティティでもある。彼らの頭の中では、あらゆるものがつながっていて、すべてが仕事に使える「引き出し」としてストックされる。

建築事務所BIGで働く小池良平さんは、世界的に知られる一流の建築家ビャルケ・インゲルスと一緒に仕事をしてきた。

小池さんは、ビャルケの建築に対する圧倒的な理解力の速さと深度、瞬時に返ってくる的確なフィードバックは、彼の膨大なインプット量に支えられていると指摘する。

「**ビャルケの頭の中には、膨大な知識や事例の『引き出し』があるんです**。歴史的な建築についての知識も豊富ですし、実際に足を運んで見に行った建築の数もすごい数で、とにかく何でも知っているんです」

小池さんは、自分が何週間もかけてリサーチして1時間くらいかけて説明しようと思ったことを、ビャルケが瞬時に理解して的確なコメントを返してくるたびに、彼のすごさに圧倒されると言う。

「アウトプットの質」を決めるのは「インプットの量」なのだ。仕事の成果は、それを支える膨大な知識と経験に支えられている。

あなたがもし本当に仕事が好きで、四六時中、仕事のことばかり考えているタイプだったら、「余白」を「インプット」に使ってみてはどうだろう。

「余白」には、とにかく、気になる情報・作品・体験に触れまくる。ビャルケが仕事で飛び回って世界中の建築を見ているように、あなたも「気になるもの」を追いかけて色んなところに足を運んでみたらいい。

そうすれば、きっと、最高に楽しみながら、最高の成果を生み出せるはずだ。

もしあなたが経営者やチームのリーダーであれば、あえて長めの「余白」を制度化するのも良いかもしれない。そうすれば、メンバーが「余白」を活用して、面白い情報や体験を集めてきてくれるはずだ。そこから画期的な企画が生まれるかもしれない。

ポイント49　「インプット量」が「アウトプットの質」を決める

長期休暇には予定を詰め込まない

デンマークの職場では、年間５～６週間の有給休暇が保障されている。さらに、多くのデンマーク人は、そのうちの３～４週間を夏休みの連休として取得する。

この長い「余白」は、デンマーク人が当たり前のように手にしている「贅沢」である。お互いのライフスタイルを尊重し、お互いの「余白」を大切にして暮らしている。

デンマーク社会にふわっと軽い空気が流れているのは、このような「お互いの余白を大切にする」カルチャーがあるおかげだろう。

夏休みには、家族・親戚・友人宅の訪問、サマーハウス滞在、海外旅行、自宅のＤＩＹなど、様々な活動をする。だが、たくさんの予定を詰め込んで忙しく過ごすのではなく、あくまでも、ゆったりと「バケーションを楽しむ」といった感覚である。

「余白」に色んな予定を詰め込んで心のゆとりを失うのではなく、「余白」を「余白」として満喫する。そうすることで、心のエネルギーが充電される。

みんなの心のエネルギーが充電されれば、チームの空気も軽くなり、コミュニケーションも軽くなる。

ポイント50 「余白」を「余白」として満喫する

休日のエピソードからその人の「顔」が見えてくる

チームのメンバーに「余白」を与えることで、みんながそれぞれに色んな体験を楽しめる。心のゆとりも生まれ、ストレスフリーでコミュニケーションも軽くなるし、「雑談」にも花が咲く。

たとえば、休暇の楽しい体験を報告し合えば、それだけで話は盛り上がるし、色んな情報を交換できる。国内の穴場スポット、海外旅行の報告、イベント体験談……メンバーの近況報告を聞くだけで、ポジティブなエネルギーとたくさんの貴重な情報に触れられる。それに、どんな体験をして、それをどんなふうに感じたのかというエピソードから、メンバーのお互いの「顔」が見えてくる。

「余白」があるから心にゆとりが生まれて、ふわっと軽いコミュニケーションができる。「余白」があるから、お互いの色んな情報や体験を交換し合えて、雑談にも花が咲き、そこから意味のある深い対話が生まれていく。

デンマーク人にとって「余白」は、軽く楽しいコミュニケーションを成立させる潤滑油《じゅんかつゆ》であり、インスピレーションの源泉なのだ。

ポイント51 「余白」があるから「雑談」に花が咲く

「広げて閉じる」で最適解を導く

――人生にも「余白」が必要な理由

デンマーク人は、人生の「余白」をキャリアにも活かす。

「余白」はあなたが最適なキャリアを築いていくためにも必要なのだ。

そのメカニズムを「ダブルダイヤモンド」という思考メソッドを使って明らかにしよう。

デンマークの仕事ができる人が使う「思考メソッド」

「ダブルダイヤモンド」は、デンマークのデザイン業界やスタートアップでよく使われる英国発の思考メソッドだ。問題解決のために「広げて閉じて、広げて閉じて……」という

「ダブルダイヤモンド」（出典：Design Council ホームページ）[iv]

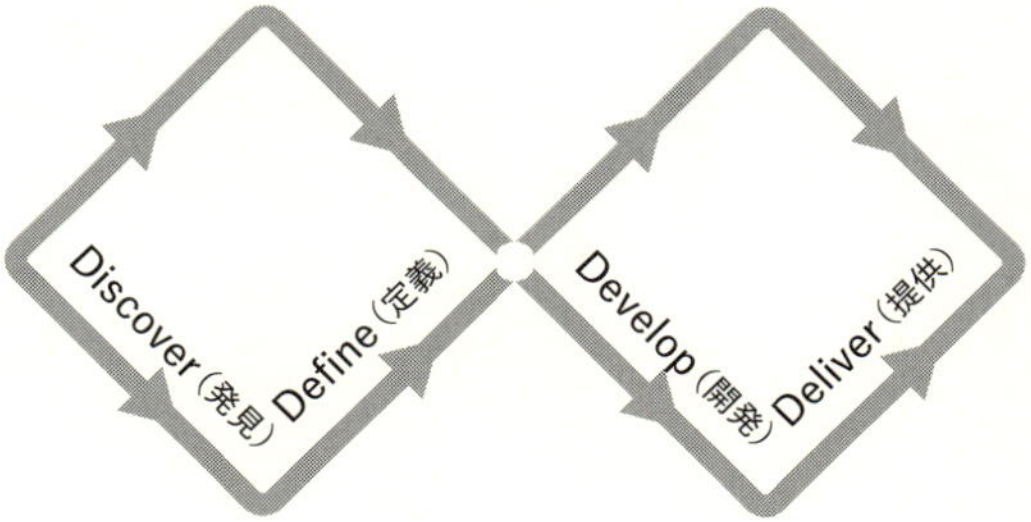

プロセスを繰り返し、最適解を導き出していく。まったく難しくないので安心してほしい。

たとえば、こんなプロセスを踏む。

1　多くの情報や体験に触れる　**（発見――広げる）**
2　ゴールを明確にする　**（定義――閉じる）**
3　ゴールに辿り着くための、あらゆる可能性を探る　**（開発――広げる）**
4　ゴールに辿り着くための、最適な方法を導き出す　**（提供――閉じる）**

このようなプロセスを踏むことによって、適切なゴールを設定し、ゴールに辿り着くための最適な方法を導き出すのである。

デンマーク人は仕事においても、このメソッドを活用している。第2章で説明した壁打ちのプロセスを思い出してほしい。

カジュアルな壁打ちをして（**広げる**）、解決すべき「本当の課題」を見つける（**閉じる**）。そして、チームでアイデアを出し合って（**広げる**）、「本当の課題」を解決する（**閉じる**）。

デンマーク人は、ビジネスにおいても「ダブルダイヤモンド」を実践しているのだ。

ポイント52 **「ダブルダイヤモンド」を使って壁打ちする**

若い頃から色んな経験をする

さて、この「ダブルダイヤモンド」は、キャリアデザインにも応用できる。このメソッドを使って、あなたが幸せな人生を送るための最適なキャリアデザインを考えてみよう。

あなたの「人生のゴール」は何だろう。

そのゴールに辿り着くために、あなたが選択すべき「最適なルート」は何だろう。

デンマークの王立芸術アカデミーの博士課程で研究をしている坂本舞さんは、デンマーク人と日本人のハーフである。日本で生まれ育ち、中学卒業後からデンマークで暮らしている。坂本さんは、デンマークの若者についてこのように語る。

「デンマーク人は高校生でも大人っぽいなと感じるのですが、それは色んな経験をしているからだと思います。**アルバイト、イベントの主催、スポーツやボランティア、社会問題についての議論……。普段から学校以外の人とも交流して、色んな会話や体験をしています**」

デンマークの若者は、日々の余白を使って、勉強以外にも色んな「インプット」をして、見聞を広げている。

　シンクタンクで労働市場の分析をするエミリエによれば、デンマークの若者が就職する際には、インターンやアルバイトなどの社会経験が評価される。逆に、まったく社会経験をせずに就職を決めるのは難しいようだ。

　就職のためにも、色んな体験をしておくのは良いことなのだ。


　デンマークでは、自分の進路を考えるために、高校卒業後に「ギャップイヤー」を取る人が多い。ギャップイヤー中は、アルバイト、世界旅行、全寮制の学校での共同生活などの体験をする。

　デンマーク社会は、若者がこういった「余白」を使って、色んな体験をして自分の進路を見極めることに寛容だ。キャリアにちょっとした「穴」があることは、それほど問題にならない。


　坂本さんも、高校卒業後には、自分の将来を真剣に考えるためにギャップイヤーを取った。まず、アルバイトをして、貯めたお金で東南アジアやインドなどを４ヶ月間にわたって旅した。

そして、旅をしながら、色んな人と交流して、「自分は何をしたいのか」を真剣に考え、進路を決めた。坂本さんは力強くこう語る。

「進路を決めるうえで大切なことは、誰かに正解を教えてもらうのではなくて、『自分で正解を導くこと』なのだと思います」

見聞を広めながらキャリアを描く

自分はどんな生き方をしたいのか。何を大切にしたいのか。どんな暮らしをしたいのか。どんな仕事や活動をしていきたいのか。色んな世界を体験しながら見聞を広げて、自分のキャリアをデザインしていく。

それは、まさに、広げて閉じて……を繰り返す「ダブルダイヤモンド」のメカニズムを活用したキャリアデザインである。

- たくさんの情報や体験に触れる（広げる）
- なりたい自分を決める（閉じる）
- なりたい自分になるために、どんな方法があるのか、色んな選択肢を探る（広げる）
- なりたい自分になるために、一番良さそうな方法を選択する（閉じる）

キャリアの場合、順番は関係ない。常に「広げる」と「閉じる」を同時進行し、見聞を広げ、色んな選択肢を知りながら、自分を俯瞰《ふかん》して、進むべき方向を見極めていくのだ。

キャリアデザインで大切なことは、色んな情報や体験に触れられる機会や、自分の人生を俯瞰するための「余白」を持つということだ。

ひとりひとりが最適なキャリアを見つけられるようにするためには、「余白」を受け入れる社会があった方がいい。

アート分野の研究職に就いているヨアキムは、デンマークには、子どもや若者が主体的になれるスペースがあると指摘する。

「**デンマークの教育には、自分で探究してクリエイティブになれるスペースがあります。**進路について親に口出しをされたことはありません。親にはいつも『自分で決めなさい』と言われていました。周りの友人を見ても、自分の進路は自分で決めているという印象です」

主体的なキャリアデザインをするためには、プレッシャーから解放された「余白」が必要なのだ。

ポイント53 「余白」を活用してキャリアをデザインする

第5章

やりたいことは、誰かに話せ

――夢をかなえる「雑談と対話のチカラ」

The Kingdom of Denmark

第3章、第4章では、チームが個々の力を引き出し、チームとして最大限の力を発揮するためのコミュニケーション方法について紹介してきた。

本章ではいよいよ、個人がやりたいことを実現していくためのコミュニケーション方法とマインドセットについて明らかにする。

今、あなたは本当にやりたいことに喜びを感じて取り組めているだろうか。あなたが取り組んでいることを応援してサポートしてくれる人は周りにいるだろうか。どうしたら自分がやりたいことを実現することができるのだろうか。

本章には、自分がやりたいことを現実化していくためのヒントが散りばめられている。デンマークで自分の夢を追いかけて、困難に立ち向かいながら、やりたいことを実現してきたプロフェッショナルの言葉をお届けする。

起業家、フリーランス、仕事でも趣味でも何か実現したいことがある人、会社で働きながらプロフェッショナルにキャリアを追求していきたい人、何をしたいかわからないけれど今の仕事に疑問を感じている人は、ぜひ本章を読んでいただきたい。

もし、あなたの心の炎が消えそうになったときには、本章を開いて、彼らの言葉をそっとその火に焚《く》べてほしい。彼らの言葉は、あなたの心の炎を燃やし続ける力になってくれるだろう。

一つ、覚えておいてほしいことがある。あなたが夢を実現するためには、そのために心の炎を燃やし続けるためには、あなた以外の「誰か」の存在が不可欠であるということを。

そして、キーワードは「雑談と対話」だ。

不安の9割は雑談が解決してくれる
――チャンスは「出会い」から

一通の手紙が映画監督の夢をかなえた

断言しよう。

やりたいことは、ひとりでは実現しない。

本当にやりたい夢を実現してきたデンマークのプロフェッショナルたちに取材した私の結論である。

これは、最初から誰かに頼ろうとか、ひとりで頑張るよりも誰かと一緒に組んだ方がラクだとか、仲間を増やそうとか、そういう次元の話ではない。

自分が本当にやりたい夢を実現しようと思ったら、自分が全力を尽くすことは大前提である。そのうえで、自分のことを理解して応援してくれる「誰か」の存在が不可欠なのだ。

そして、その「誰か」に出会うためのカギが「雑談」と「対話」なのだ。

女性の映画監督ロビンの声が今も胸に残っている。ロビンは詩的なドキュメンタリー映画を制作する映画監督で、真っ直ぐな瞳をした、とても力強い女性だ。

私はコペンハーゲンのカフェでロビンと向き合い、彼女がどうやって映画監督としてのキャリアを築いていったのか、そのストーリーを聞いていた。時に腹を抱えて笑い合いながら、彼女は自身の体験を語ってくれた。

彼女は人それぞれに色んなキャリアの築き方があるという前置きをしたうえで、一つだけ「誰にでもどんな業界にも共通して言えること」があると指摘してくれた。

「すごく重要なのは、ひとりでやろうとしないこと。**自分が取り組もうとしているプロジェクトを『自分のプロジェクト』だとは思わないこと。**私がやってきたことは、協力者の存在なしには、到底成し遂げられなかった」

ロビンが歩んできた道は決して平坦ではなかった。

彼女はデンマークの田舎出身で、海外で映像を学んだ。30歳でデンマークに戻り、首都コペンハーゲンでいざ本格的にキャリアをスタートさせようとした当時は、経済的にも余裕がなかったうえに、コペンハーゲンの映画業界にネットワークもなかった。

ロビンは映画関連のあらゆる会社や関係者にメールを送ったが、返事もなく、ロビンのキャリアの扉を開けてくれる人はいなかった。

そんなとき、たった一通、憧れの映画監督に送ったメールにだけ返信があった。すぐに電話で話す約束を取りつけると、1時間の通話で、彼女はロビンにキャリアを築くためのアドバイスをしてくれた。

その後、ロビンは彼女に数ヶ月～半年置きのペースで、自分の状況をメールで報告し続けた。

結局、ロビンのキャリアを開いてくれたのは、彼女だった。彼女は自身のプロデューサーにロビンを紹介してくれ、そのプロデューサーがロビンのデビュー作となる長編映画の制作をサポートしてくれることになったのだ。

４年半かけて完成したそのデビュー作『From the wild sea』は、国際的な賞を獲得し、映画業界で話題になり、ロビンのキャリアの扉を力強く開いてくれた。

自分を理解して応援してくれる協力者との出会いが、未来の扉を開くカギになるのだ。

ポイント54 **「自分だけのプロジェクト」にしない**

波長が合う人との「出会い」を大切に

ある意味、たったひとりで何かに取り組むことは簡単である。

ひとりでスケジュールを組んで行動して進めれば、他人を待つ必要もないし、面倒臭い調整などをする必要もない。

だが、ロビンはひとりではなく、人の力を借りる道を選んだ。そして、その選択は、大正解だったと振り返る。

「私にとって、協力者に出会えたことは、ものすごく大きいことだった。

バカみたいな話かもしれないけど、**協力してくれた人が、私のいない場所で、私の話をして、私を引き上げてくれたのだと思う**。確認したわけじゃないけど、きっとそうだと思う。そんなふうに、扉がちょっとずつ開いていくのを感じたの」

ロビンによれば、ひとりで頑張る道を選んだ人たちは、その後、苦労している。ひとりで行動すると、物事は早く進む。だが、いつまで経っても、孤立無縁だ。
ロビンは、何かに取り組むときには、必ず協力者を見つけた方が良いと断言する。
では、どうしたら良い協力者を見つけられるのだろうか。

「私自身は、直感にしたがって、魂の部分で理解し合える人を求めてた。**イベント会場や仕事で偶然会って『あ、なんか、この人とは息が合うな』って感じた人は、大切にしなきゃいけない。**そういう人との出会いは、ものすごく価値があるものだから。本当に」

やりたいことを実現するためには、良い協力者との出会いが何よりも大切である。そして、そんな人と一緒であれば、どんな困難にも立ち向かっていける。

「波長が合って、魂の部分でお互いを理解し合えると感じられる人とだったら、どんなに困難な挑戦だって楽しめるし、その過程で自分の成長を感じられる。それに、そういう人とだったら、物事を良い方向に持っていける」

ポイント55 魂の部分で理解し合える協力者は、自分を「引き上げて」くれる

できない自分を認めて、素直にアドバイスを求める

コペンハーゲンの北に、小さな書店ブックスアンドカンパニー（Books & Company）がある。オンライン販売の普及で閉店に追い込まれる書店が多いなか、口コミだけで成長してきた。運営する読書クラブも盛況で、入会希望のウェイティングリストは長蛇の列になっている。

店長のイザベラは元々、人権を守る法律家としてNGO組織や省庁で働いていたが、人と人とが本を通じて出会える場をつくりたいという想いから書店をオープンした。

イザベラによれば、夢を実現するうえで大切なのは、自分にはできないことがあると認

めたうえで、周りにサポートを求めることである。

新しい挑戦をしようとすると、どうしても、自分が知らないこと、苦手なこと、できないことに直面する。大切なのは、知らない自分、苦手な自分、できない自分を認めて、周りに助けを求めることである。

「当時はわからないことだらけだった。そんななかで大切なことは**『こんなこと聞いてもいいのかな。バカだと思われないかな』っていう気持ちを乗り越えて、助けを求めること。**恥ずかしくても、自分がやりたいことを伝えて、わからないことを聞くことが大事」

抵抗があったが、いざイザベラが自分の想いを伝えて、周りに助けを求めてみると、たくさんの人が助けてくれた。書店は今でも色んな人のサポートに支えられている。

イザベラが、当時、夫に言われた言葉はこうだ。

「自分の想いを伝えてごらん。そうしたら、みんなが手伝ってくれるから」

ポイント56　周りに助けを求める勇気を持つ

抱えている問題は、とにかく口に出してみる

会社で働いていても、自分ひとりで問題を抱え込まないことは重要である。マリエ・ルイーセは今までのキャリアを通じて「自分が抱えている問題を伝える」ことの大切さを実感してきた。

「不安からなのか、緊張からなのか、抱えてる問題を隠してると、その問題は自分の頭の中で実際の問題よりも大きく膨《ふく》らんでいってしまう。だから、**問題を抱えてるときは、誰かに伝えた方がいい**」

だが、フォーマルな場で伝える必要はない。彼女は、カジュアルな場で、1対1で軽く

話すことを勧める。相談するというより、問題をただ口にしてみる。

たとえば、職場のコーヒーマシン付近でたまたま会った同僚に「今ここで行き詰まって……」と、ちょっと軽く話してみる。

すると、もしかしたら「あ、それね。私もこの前それで困ってたの。それはね、こうすれば……」と、やり方を教えてくれるかもしれない。参考資料を共有してくれるかもしれないし、詳しい人を教えてくれるかもしれない。彼女はこうつけ加える。

「**自分だけの問題だと思ってることも、話してみると、案外、他の人も同じところで引っかかってたりする**。だから、何か行き詰まってるときや、問題を抱えてるときは、とりあえず口にしてみるといい。それだけで解決することって、けっこうある」

軽く話すために彼女がオススメする最適な場所は、職場のコーヒーマシン付近、駐輪場・駐車場、会議と会議の間などの「中間地点」である。

日本で言えば、廊下、ベンチ、自動販売機付近、エスカレーター、エレベーター、コンビニ、会社の行き帰りの道なども良いスポットかもしれない。

たまたま何かのついでに、そこにいた話しやすそうな人に、ちょっと行き詰まっていることを話してみる。そうするだけで、アドバイスをもらえて問題が解決するかもしれないし、問題解決まではしなくても、ヒントが得られるかもしれない。

そして、何よりも、問題を口にできたことで、自分の気持ちも軽くなる。

ポイント57 引っかかっている問題について、軽く雑談する

一緒に現場を見ながら話す

何か具体的に目に見える問題があるとき、一緒に体験を共有した方が伝わりやすそうなときは、関係者を現場に誘ってみるのもいい。

今はリモートでコミュニケーションを取れる便利な時代になったが、「百聞は一見にしかず」というように、ちょっと面倒でも、一緒に現場を見て対話する方が効率的なことも

ある。マリエ・ルイーセは、こんなことも言っていた。

「**会議を5回くらい開かないと解決できないような複雑な問題が、現場に一緒に行くと、5分で解決することがある。**建築現場でも、展示会でも、そういうことは本当によく起こる」

メールを何度も往復させるよりも、電話で長時間話すよりも、現場に一緒に足を運ぶことで、一瞬で解決する問題もあるし、現場を一緒に見ておくことで、話が通じやすくなることもある。肩を並べて目の前の課題に取り組むのもいいだろう。

具体的に目に見える問題があるときは、軽く声をかけて現場に誘ってみるのもいい。一緒に現場を往復する「移動時間」にも、色々と情報共有ができるし、話しながら何か良い解決策やアイデアが思いつくかもしれない。

ポイント58 目に見える問題は、一緒に現場を見るのが手っ取り早い

たった「ひと言」で世界的カメラマンになった男

問題を前にして、「手伝おうか？」「手伝ってくれる？」と声をかけたことがきっかけで、キャリアが始まることもある。

トーマスはひょんなことがきっかけでカメラマンになった。

ある強風の日、不安そうにハシゴに登って写真撮影をするカメラマンを見かけた。トーマスが「手伝おうか？」と声をかけてハシゴを支えてあげると、「君、ハシゴを持って撮影に同行してくれないか？」と頼まれた。結局、その日、トーマスは一日中、撮影を手伝うことになった。

すると、今度は「ベルギーで撮影するんだけど、一緒に来ないか？」と誘われる。同行

すると、旅の途中でカメラマンはウイスキーを飲んで酔っ払ってしまう。そこでトーマスが代わりに撮影したのが、彼がカメラマンになるきっかけになった。

強風の日に「手伝おうか？」と声をかけたことから、彼のキャリアはスタートしたのである。

トーマスは「雑談」を「チャンス」に変える力を持っている。

世界中を旅して写真を撮影した彼は、地元にオープンしたカメラ屋をふらっと訪問した。そこで店長と話を弾ませていると、店長が「君の写真、いいじゃないか。うちで買いたい」と、彼の写真を買ってくれた。その店長が、トーマスの最初の「お客さん」になった。

その後、トーマスはカメラマンとして、『ウォールペーパー』や『エル・デコ』などの有名雑誌から、一流ブランドのＰＲ写真まで、大量の仕事をこなすことになる。

気がつくと、彼には、国内外のデザイン業界に「巨大なネットワーク」ができていた。

今、トーマスは、そのネットワークを活かして家具ブランドを立ち上げ、コペンハーゲンの一角にショップを持っている。

私はショップでトーマスの話に耳を澄ましていた。まるで鮮やかな映像が浮かび上がるように繊細かつダイナミックに語られる数々の物語に、すっかり引き込まれてしまった。

トーマスはきっと、こんな面白い「雑談」をしながら、世界中に「つながり」をつくってきたのだ。

ポイント59 雑談を「チャンス」に変える

デンマークは人と人がつながっていく「コネ社会」

デンマークでは、職場でも、職場以外でも、人が人をつないでいく。

お互いの近況を軽く話していて、今困っていることや求めていることについてちょこっと話すと、「あ、それだったら、この人に連絡してみるといいかもしれない」とか「そういえば、こんなイベントがあるよ」とか、役立ちそうなことを教えてくれる。

以前、市が運営している外国人向けの就職ガイダンスに参加したとき「デンマークはコネ社会だから、とにかく色んなところに顔を出して知り合いをつくりなさい。ネットワークを広げなさい」と言われて面食らったことがある。

ガイダンスでは、履歴書やレターの書き方も教えてもらえたが、結局のところ、デンマークで仕事を見つけるうえで何よりも大切なのは「ネットワーク」らしいのだ。

当時は、腑《ふ》に落ちなかったのだが、長年暮らしているうちに、その意味がよく理解できるようになった。

デンマークには、良い意味での「コネ社会」がある。就職や転職も知り合いを通じて決まるパターンが多く、職場内でも人が人を紹介していく。

知り合いであれば、興味や関心、好み、人柄、状況、ニーズなどもだいたいわかる。だから、信頼もできるし、マッチングしやすい。

「○○をやってくれる人を探してて……」

「**あ、それだったら、○○さんが良いかも**。その分野での経験もあるし、良い方だし。OKしてくれるかはわからないけど、とりあえず連絡してみたら？」

こんな感じのノリで、人と人とがつながっていく。そして、こんなふうにマッチングができるのは、普段からお互いに関心を持って「雑談」や「対話」をしているからである。

ポイント60 **雑談と対話で「マッチング」を最大化させる**

最高の「パートナー」に出会うために
――ひたすら「対話」を重ねる

自分が本当にやりたいことを実現するためには、自分以外の「誰か」の存在が不可欠である。

良い出会いとつながりに導かれていけば、あなたは自分が望むキャリアを築いていける。

では、あなたにとっての「良い出会い」とは、どんな出会いなのだろうか。

あなたは「誰」に出会えば良いのだろうか。あなたが出会うべき人は、どこにいるのだろうか。

ここからは、あなたが最高のパートナーや仲間に出会う秘訣をお伝えしよう。
私は人見知りだからムリだって？
大丈夫、デンマーク人もみんなシャイだ。

「仲間との対話」が、眠っていた好奇心を呼び覚ます

本当にやりたいことを実現するために必要なことは、「好奇心」を持って、自分と同じような関心を持つ人に会いに行くことだ。面白そうな活動をしているコミュニティがあったら、そこに飛び込んでみるといい。

19歳のときにデンマークに引っ越してきたスウェーデン人のマークスは、自分が将来何をしたいのかがわからず、大学を休学し、音楽やデザイン、建築を学び、アルバイトで貯めたお金で世界旅行をしていた。

ナチュラルワインを口にして感激した体験はあったものの、当時は自分の中に生まれた

その好奇心を、どう育てて良いかわからなかった。

そんなマークスに転機が訪れたのは、ある友達との出会いだった。

その友達は、マークスをコペンハーゲンの「食」のコミュニティに連れて行ってくれた。

そこでマークスは、自分と同じように食に関心があるみんなの話に耳を傾け、自分の話もしているうちに、自分のなかに眠っていた好奇心が刺激され、育っていくのを感じた。

「コネ社会」デンマークで、自分と同じ関心を持つ人が集まるコミュニティに飛び込むことで、マークスの情熱は呼び覚まされていったのだ。

「**知識があるかどうかは関係なく、面白そうな活動をしているコミュニティがあったら、顔を出してみるといいと思う**。そこに行けば、良いアドバイスをしてくれる人に出会えるかもしれないし、良い仲間に会えるかもしれないから」

知識はなくてもいい。好奇心に蓋をせず、自分が関心のある活動をしている人やコミュニティに足を運ぶ。そこで色んな人と対話をするなかで、マークスは仲間と一緒に店を開くことになった。

元々シャイだった彼だが、今では、大好きな「食」を通じてであれば、世界中に友人をつくれる、と感じている。

やりたいことがわからなかったら、とにかく気になるコミュニティに顔を出してみる。そして、そこにいる色んな人と「対話」をしてみることだ。

ポイント61 同じ関心を持つ人が集まる「コミュニティ」に顔を出す

対話を重ねてパートナーとしての相性を見極める

仕事でもプライベートでも、一緒に組むパートナーはどんな人であるべきなのか。一緒に組めるかどうかは、どうやって見極めれば良いのだろうか。

長年デンマークに暮らしてデンマーク人と接してきた私の印象では、デンマーク人は、話しかければオープンに誰とでも話してくれるが、そこから「一歩入り込む」のは難しい。

デンマーク人は、自分にとって大切なものを大切にする。

明確な「優先順位」を持って仕事をし、生活をしている。だからこそ、面倒臭いことはしないし、違和感を抱くものには、反応すらしない。

その意味では、デンマーク人は「シビア」でもある。

では、プロフェッショナルなデンマーク人は、どうやって一緒に組む「相手」を見極めるのか。映画プロデューサーのモニカと、テレビ番組プロデューサーのジェニファーの事例を紹介する。

2人に共通するのは、企画のほぼすべてを断ることだ。

そして、ほんの一握りのピンと来る企画を持ち込んでくれた相手には、心を開き、前向きな姿勢で「対話」を重ねる。

アカデミー賞にもノミネートされた映画プロデューサーのモニカは、数々の映画監督からオファーを受ける。だが、そのなかで一緒に組んで実際に仕事をする相手は、ごく少数にすぎない。それは、自分が本当に手がけたい作品に、しっかり向き合いたいからである。

どうやって一緒に組む監督を見極めるのかと尋ねてみると、こう答えてくれた。

「**一番大切なのは、相手のことが好きであること**。長期にわたる仕事は、好きな相手としかできないから。

あとは、とにかく何度も対話をすること。

相手が何をしたいのか、どんなふうに仕事を進めたいのか、どんなスタイルなのか、今までどんなことをしてきたのか……。対話を重ねて、お互いをよく知って、安心感を持てるかどうか、良い形で共同作業ができるかどうかを見極める」

長年にわたって数々の人気テレビドラマのエグゼクティブプロデューサーを務めてきたジェニファーも、ほぼすべての企画を断る。

だが、一度企画を通した相手に対しては、すべてを受け入れるくらい前向きな姿勢で、対話を重ねる。この企画は何をゴールにしているのか。どこに向かいたいのか。どうやって仕事を進めるのがベストなのか。対話を通して可能性を前向きに探っていく。

基本的には間口を閉じていながら、ピンと来る相手とは前向きな姿勢で「対話」を重ねる。

そして、共同作業ができそうか、どんな形で共同作業をするのが良いのか、「対話」を通じて丁寧に可能性を探るのだ。

ポイント62 仕事のパートナーを「厳選」する

ポイント63 パートナー候補には１００％心を開いて「対話」を重ねる

「想い」を伝えよ――シリコンバレーで成功した起業家の教え

誰とチームを組むか。結局のところ、事業の成功を左右するのは「メンバー」である。

ソフトウェア企業ゼンデスクのスタートアップを大成功させたモーテンにとって、未来を開くカギになったのは「出会い」だった。

モーテンが共同創業者の2人に出会ったのは、大学休学中に興味を持って働き始めたソフトウェア企業だった。

その後、3人で意気投合してスタートアップに挑戦した。だが、その道はあまりにも険《けわ》しく、自分の給料を払えるようになるまでに4年もかかった。

そんな過酷な時期を乗り越えられたのは、2人がいたからだ。

「僕らには進むべき方向が見えていた。３人だったというのも良かったのだと思う。**僕が諦めそうになったときは、他のメンバーが引き上げてくれて、他のメンバーが諦めそうになったときは僕が引き上げて……って感じで。僕らはお互いの手を取り合って、ちょっとずつ前に進んで行った**」

やりたいことを実現するのは、場合によっては、茨《いばら》の道かもしれない。険しい道を進んでいくためには、その道を一緒に信じてくれる「誰か」の存在が不可欠だ。先が見えない中で挫折しそうになっても、同じ夢を共有して、未来を信じる仲間がいれば、一歩一歩進んでいける。

３人の扉を開いてくれたのも、また「人」だった。

プロの投資家との出会い、豊富な知識と経験を持つプロフェッショナルとの出会い、そして、彼らを通じて優秀な人材ネットワークとつながれたことによって、彼らの道は大きく開かれていった。

その結果、3人が立ち上げたゼンデスクは爆発的な成長を遂げ、米国シリコンバレーで大成功するに至った。

では、どうやって「出会い」を引き寄せたのだろうか。

「僕らを理解してくれて、同じ志を持つメンバーを集めたかったんだ。だから、**僕らが思い描いている『ビジョン』を伝えることにフォーカスした。とにかく『コレを実現するんだ』ってアピールした。**優秀な人に魅力を感じてもらうためには、自分も背伸びしなきゃいけない」

時には、自分の限界を超えたアピールもしなければならなかった。だが、そうすることで、本当に実現するしかない状況に追い込まれていく。

こうして背水の陣を敷きながら「良い人材」をチームに加えていくことで、ゼンデスクは大きな成長を遂げた。

自分のリミッターを外して「コレを実現するんだ」と伝える。そうすることで、優秀な仲間が集まり、道が開けていく。

ポイント64　出会いを引き寄せるのは「ビジョン」

相手の「心の扉」をノックし続ける勇気

——最高のパートナーを口説く術

「覚悟」があるから「幸せ」をつかめる

自分が心からやりたいことを実現するためには、自分の想いに共感してくれる「最高のパートナー」の存在が不可欠だ。

だが、最高のパートナーとの出会いに辿り着くためには、まずは自分で頑張らなければならない。決して、パートナーが、あなたを迎えに来てくれるわけではないのだ。

あなたが全力で、パートナーを迎えに行かなくてはいけない。

「幸せな国」デンマークのプロフェッショナルは、けっこうハードコアである。自分の人生の舵《かじ》取りをして、自分の人生を全うする「覚悟」がある。

時折、私は彼らの心底にある「覚悟」に触れて、驚かされることがある。

「幸せ」と「覚悟」は、表裏一体なのだろう。

「覚悟」があるからこそ「幸せ」をつかみに行ける。

奇跡は起こるものではなく、「自分で起こしに行く」ものなのだ。

デンマークで本当に自分がやりたいことを実現できている人たちは、「楽観性」と「不屈の精神」で果敢《かかん》に挑戦しに行く。どんな困難にぶつかっても、未来を信じて、可能性の扉を叩き続ける。

時に、それは途方もなく険しい道かもしれない。けれど、自分で選び取った道であれば、納得できる。

目上の人でも、雑談をするつもりで会いに行く

エグゼクティブプロデューサーとして数々の国民的人気TVドラマや映画を手がけてきたジェニファーは、プロフェッショナルな職人気質を感じさせる。言葉の端々に「この人は本当に、仕事の一つひとつのプロセスを愛しているのだな」と、そう感じさせるものがある。

やりたいことを実現させるためには、どうしたら良いのか。ジェニファーの答えはこうだ。

「**会いたい人に、会いに行く。話してみたい人に、話しに行く。躊躇せずに、気になった人に、声をかけてみる。**ほら、あなたも本の取材のために、私に声をかけてくれたじゃない？　それと同じよ」

そう言って、彼女はクスッと笑ってくれた。

ジェニファーによれば、デンマークの職場では、社員が何かやりたいことや、伝えたいことがあれば、「よし、上司に話をしに行ってくる！」と、上層部の管理職に話をしに行くことがよくある。

そんなふうに、とりあえず声をかけてみることが大切、と彼女は説く。

話すことがまとまっていなくてもいい。雑談をするつもりで会いに行く。

ちょっと話せば感触がわかるし、うまくいけば、そこから何かが起こるかもしれない。

それから、楽観的であることも大切だ。ちょっと断られたくらいで、へこたれてはいけない。

ジェニファーは、やりたいことを実現するために、楽観的であることは、とても大切だと言う。

たとえば、助成金の申請をする場合、倍率が30倍だとする。あなたは、その倍率を聞いたとき、どう感じるだろうか。

「30倍なんてムリだから、挑戦するのはやめよう」と思うだろうか。それとも、「30回アプローチして通る可能性があるなら、挑戦してみよう！」と思うだろうか。

ジェニファーは後者だった。「なんだ、30回挑戦すれば通るのね！」と（必ずしも申請が通るわけではない）。だからこそ、彼女はチャンスをつかんできたのだ。

チャンスをつかむためには、とにかく楽観的に未来を信じて、やり続けることだ。ジェニファーは「続けることの大切さ」を強調する。

「とにかく続けること。やりたいことがあるんだったら、毎日ちょっとずつでいいから、一歩一歩、進んでいくことが大切。『自分が取り組んでいることは必ずうまくいく』と信じて、やり続ける。

断られても、却下されても、やり続けなきゃいけない。そのために、楽観的であることは、とても大切なこと」

どうだろう。あなたにも、デンマークの一流クリエイターのメンタリティを、感じていただけただろうか。

受け身にならず、保身に走らず、諦めず、楽観的に未来を信じて、一歩一歩、前進し続けるのだ。

そして、気になる人がいたら、躊躇せず、何度でも当たって砕けろの精神で話しかけてみるのだ。

ポイント65　楽観的にアプローチし続ける

断られても、間違っているとは限らない

ニクラス・ブレンボーは若手の分子生物学者で、ベストセラー作家でもある。
私は彼が講演会の冒頭に話すエピソードが大好きだ。

「お断りメッセージ」の一覧。ニクラスが講演会の冒頭に見せるスライドだ。

スライドは一面、「申し訳ありませんが……」「残念ながら……」というお断りのメッセージで埋め尽くされている。これは、彼が原稿を持ち込んだときに色んな出版社から断られたときのメールのコピペである。

ありとあらゆる出版社に断られ、ついに借金をして自費出版をすることまで考え始めたニクラスを拾ってくれた一社が、今ニクラスの本を出版している出版社である。

結局、その出版社から出たニクラスの本は、デンマークの年間ベストセラー1位を2年

連続で獲得し、世界約30ヶ国語に翻訳されることになった。

ニクラスは、講演会の冒頭で、このエピソードを伝える。

「どんなに否定されても、あなたがやっていることが間違っているとは限らない。たとえ、あなたの挑戦を否定する人が、その道の専門家であっても、経験豊かな人であっても、有名な人であったとしてもだ。

本当にやりたいことで、自分がしていることは間違っていないと思うなら、誰に否定されても、自分を信じて挑戦し続けなければいけない。

もし僕が途中で諦めていたら、この本が世に出ることはなかった。ベストセラーになることもなかったし、世界中で翻訳されることもなかった」

このニクラスのメッセージは、当時、出版を目指していた私の心に深く響いた。私はひとりの観客として、彼の言葉をまるごと受け止めたのだった。

そして、奇跡が起こった。

ニクラスと同じように、私も一社だけに拾われたのだ。夢中になって取材して書き下ろした私のデビュー作『デンマーク人はなぜ4時に帰っても成果を出せるのか』もまた、ベストセラーになり、複数の国で翻訳されている。

言葉は伝播《でんぱ》する。あとは、自分が本気で信じるかどうか、だけである。

もし、あなたに本当にやりたいことがあるのなら、あなたは自分を信じて、やり続けなければならない。チャンスをつかむために、アプローチし続けなければならない。誰に何と言われようとも。

「最高のパートナー」との出会いは、あなたが諦めずに挑戦し続けた、その先にあるのだ。

ポイント66　誰に何度否定されても、自分を信じ続ける

すべてを懸けて立ち向かう人に、手は差し伸べられる

本当に生きたい人生を生きるために、あなたが克服しなければならないのは「恐れ」である。

あなたの最大の敵は、あなたの中にある「恐れ」だ。

女性の映画監督ロビンは、とても勇気がある。彼女は世界中のどこにでも、ひとりで撮影に出かける。

不安に感じることはないのかと尋ねると、「そうね。怖いとは思わないわ」とキッパリとした答えが返ってきた。ロビンは、数え切れない問題を抱えていても、恐れに負けることはないのだそうだ。

まだ映画監督としてデビューする前、ロビンは経済的に余裕がなく、オートミールやパ

スタなどを食べ、食費を切り詰めていた。若干パニックには陥っていたが、不安で動けなくなることはなかった。

ロビンは、生活のための仕事をつなぎ、映画制作のための助成金を申請し、あらゆる方法でお金をかき集めながら、苦しい時代をなんとか切り抜けた。

恐れを克服するためには、どんなふうに考えたら良いのか。ロビンに尋ねてみた。

「そうね。今あなたがやっていることが、未来のあなたをつくっていくの。だから、**どんなに小さなことでもいいから、一つひとつ『自分の人生』を生きるための『選択』をしていくことが大切なんだと思う**。そうすれば、できることが少しずつ増えて、あなたのコンフォートゾーンが広がっていく」

コンフォートゾーンとは、ストレスを感じない環境や状態の領域である。

どんなに小さなことでもいい。ほんの少しでもいい。今のあなたがどんな状態であっても、そこから「自分の人生」を生きるために、一歩踏み出していく。

その一歩一歩の重なりが、自分の限界を少しずつ押し広げていくのだ。そうしているうちに、少しずつ、できることが増えていく。

ロビンは、今、変化に富んだ日々を愛している。

ジャングルの泥にまみれて雨に打たれながら撮影していたかと思えば、今度はスカートを履き、国際的な映画祭でワイングラスを片手に乾杯している。そんな彼女の人生は、彼女が一歩一歩、前に足を踏み出してきた結果なのだ。

ロビンはその大きな瞳で、真っ直ぐに私を見て、こう伝えてくれた。

「不思議だけど、心の底から本当にすべてを懸けて立ち向かうと、この世界は応えてくれるの。

うまく言えないんだけど、**勇気を持って、全身全霊を懸けて立ち向かうと、何らかの力が働いて、うまくいくように助けてくれるの。**少なくとも、私はそういう体験を何度もしてきた」

コペンハーゲンの街の一角にあるカフェの2階。朝、ロビンが仕事に向かう前。明るい陽が差す席で彼女と向き合って話す時間は、とても贅沢な彩りのある時間だった。

心の底から本当にすべてを懸けて立ち向かうと、この世界は応えてくれる。

あなたが「恐れ」を克服し、全体重をかけてこの世界の扉を押したとき、世界は呼応するように、あなたの道を開いてくれるのだ。

ポイント67 **「自分の人生」を生きるための「選択」を重ねる**

「出会う」ために勇気を振り絞る

ところで、デンマーク人はみんな勇気があるのだろうか。

デンマーク人の起業家・管理職・クリエイターと話していると、彼らの「怖いもの知らず」ぶりに驚く。「よくそんなことするなぁ」と私が思ってしまうことに、軽やかに、果敢に挑戦する。

だが、もちろん、そんな人ばかりではない。

家具ブランドを立ち上げたスティーネとアンは、２人とも穏やかで温かい。愛犬家で、オフィスにも犬を連れて来る。

ブランドを立ち上げたばかりの２人の課題の一つは、ネットワークづくりである。

２人とも内向的な性格で、自分から積極的に知らない人に話しかけにいくのが苦手だ。それでもネットワークを広げることは大切だから、業界のイベントやメッセなどがあれば「頑張って」参加する。その様子についてこう語る。

「正直、メッセの隅っこの方で『なんでこんなところに来ちゃったんだろう』って思うこともある（笑）。だけど、そういうときは、**ジントニックを飲んで『よし、もう１回行く**

ぞ！』って、自分を奮い立たせる。けっこう効き目はあると思う」

そうやって笑って話す2人の姿に、私はホッとするものを感じた。デンマーク人にだって色んな人がいるし、みんながみんな外向的なわけでも、勇気があるわけでもない。知らない人に話しかけて「出会い」を広げていくために、デンマーク人も、自分を奮い立たせて頑張っているのだ。

2人は、一度良い関係になった取引先をとても大切にする。取引先というよりも、友人関係のようになる。良い友人であれば、何か問題が起こったときも、電話もしやすいし、問題解決もしやすい。

一緒に仕事に取り組むということは、同じ「ボート」に乗るようなものだ。

2人は、家具の製造業者とは、特別な友人のような関係を築いている。事務の人も、経理の人も、セールス担当者も、工場の責任者も、オーナーの家族のことも、みんなよく知っている。家族のように大切にし、SNSでもお互いをフォローし合って、誕生日にはお祝いのメッセージを送る。

何が好きなのか、何を求めているのか、何が得意なのか、今どんな状態なのか。好奇心を持って、アンテナを張って、彼らの暮らしを応援する。スティーネは仕事のパートナーとの関係についてこう語る。

「プロフェッショナルであることは大切だけど、**相手の『現実』や『日常』を知っていることも、とても大事なこと。私たちは機械ではなくて、生身の『人間』なのだから**」

良い成果を生み出すためには、お互いの「状態」を感じ合って、楽しくムリのない仕事の進め方をした方がいい。そのためにも「雑談」や「対話」を通して、お互いを感じ合うことがとても大切だ。

この製造業者と一緒に取り組んだ家具のコレクションは、デンマークのデザインイベント「3 days of design」で展示された。

訪問者からは「何これ、スゴくない？」という感嘆の声が上がった。製造業者とのパートナーシップが、最高の形で結実したのだ。

「自分たちがつくったものが、誰かの心に火を点《つ》けたって感じられるのは、最高に嬉しい」

最高の成果を生み出すのは「最高のパートナーシップ」なのだ。そして、「最高のパートナーシップ」を生み出すのが「雑談」と「対話」なのだ。

ポイント68 **最高の成果を生むのは「最高のパートナーシップ」**

終 章

デンマーク人はなぜ雑談を大切にするのか

――「活かし合う組織」「活かし合う社会」

The Kingdom of Denmark

ちょっとした「雑談」できっかけをつくり、「対話」を通してお互いを知る。雑談や対話を通じて、お互いの関心や向かっている方向性が見えてくると、情報やアイデアを交換しやすくなる。

相手に対するピュアな「好奇心」と「貢献」の気持ちを起点とした会話の中で、良いアイデアが生まれ、イノベーションが生まれていく。

人口が千葉県よりも少ない小国デンマークが、イノベーションやデジタル化、サステナビリティ、国際競争力など、様々な指標において世界をリードできている背景の一つに、その「コミュニケーション力」がある。

質の良い「雑談」と「対話」は、相手の好奇心を刺激し、アイデアを呼び覚ます。そんなポジティブな会話があれば、ひとりひとりが自分の力を発揮して、前に進んでいける。個々の力が最大限に発揮されて、チームも社会も元気になる。

デンマークには、軽い「雑談」と「対話」を通じたコミュニケーションで、それぞれが自分の力を最大限に発揮して成長できる「活かし合う組織」「活かし合う社会」がある。

本書の締めくくりとして、本章では、あなた自身が「雑談」と「対話」を通じて、仕事や人生を良い方向に持っていく方法をお伝えする。

あなたが、あなたの持っている可能性に蓋をせず、あなたが本当に生きたい人生を生きられることを心から願って。

それから、「雑談」と「対話」を通じて、組織や社会を良い方向に持っていく方法についてもお伝えする。私たちが暮らす世界が、お互いを潰し合うのではなく、お互いを活かし合う組織・社会になることを、心から願って。

いつも変革が起きる国のすごい働き方

——誰もがイノベーター

世界トップレベルの「イノベーション大国」

誰かがどこかで変革を起こす国、それがデンマークだ。

今のように変化の激しい時代、同じことを繰り返しているだけでは、あっという間に時代から取り残されてしまう。時代の変化を先読みし、スピード感を持って舵を切っていく必要がある。

そんな時代を、デンマークはうまく切り抜けている。

ドイツの北に位置する北欧の小国デンマークは、面積は九州程度の大きさ、人口は千葉県よりも少ない約600万人しかいない。

それにもかかわらず、世界トップレベルの「ビジネス先進国」「環境先進国」「SDGs先進国」「デジタル先進国」「イノベーション大国」として世界をリードしている。

IMD（国際経営開発研究所）の調査によれば、デンマークの国際競争力は2年連続1位に輝き、今でも世界トップクラスだ（2022年・2023年1位、2024年3位）。国際競争力を決定づける4つの指標のうちの1つ「ビジネス効率性」は、5年連続で世界1位に輝いている（2020〜2024年）。

また、欧州委員会が発表する欧州のイノベーション・スコアボードの結果も、EU諸国のなかで1位、欧州全体で見てもスイスに次いで2位（2024年）。[v] 国連が発表する「電子政府ランキング」においても、デンマークは4回連続世界1位に輝いている（2018〜

2024年）。[vi] SDGsの達成度においても、トップ3常連国である。[vii]

デンマーク人は「先見の明」を持って未来を予測し、変化に柔軟に対応してスピーディーに動くのだ。

先頭に立て！　――デンマークのイノベーターたちの金言

いったい、なぜそんなことが可能なのだろうか。

じつは、この問いに対する解答は、それほど難しくない。とてもシンプルな解答だ。

彼らは「先頭に立つ」という意識で走っているのだ。

ここで、イノベーションを起こして成長しているデンマークの組織の管理職の声を紹介しよう。

きっと、あなたにも、小国デンマークが色んな分野で世界をリードできている理由を理解してもらえるはずだ。

ゼンデスク共同創業者 モーテン

「未知の挑戦をすることは、真っ暗な森の中を走るようなものだ。何かあったときに解決できなかったら自分の責任になる。**失敗したときのプランBなんてない。うまくいかせるしかないんだ**」

ノボ ノルディスク社日本法人社長 キャスパー

「成功するためには、他と競争するという意識ではなく、『先頭を走り続ける』という意識を持たなきゃいけない。

ビジネスを成功させるためには、クリエイティブに物事を考える必要がある。難しい課題に直面したときや、競合が市場に入ってきたときに、今やっていることと同じことを『もっと頑張ろう』と考えてはいけない。**昨日と同じことを繰り返すのではなくて、未来の**

ニーズを予測して、そのニーズに応える新しい解決策を提示しなきゃいけない」

NGO機関ブロックスハブ　チーフコミュニケーションオフィサー　アンブリット

「『勝つための試合』と『負けないための試合』は似て非なるもの。負けないことに意識を向けると、失敗するのが怖くなる。**私たちがしたいのは、『負けないための試合』ではなく『勝つための試合』**」

家具・インテリアブランドAudo Copenhagen

デザイン&ブランドディレクター　ヨアキム

「イノベーションっていうのは、基本的には、やってみようとする姿勢だと思う。何かに取り組むときに、メソッドや他の事例を参考にして『答え』を見つけてから取り組むのは、良い面もあるけれど、危険な面もある。**この世界は、本当のところ、やってみないとわからないことばかりだからね**」

労働組合運営管理局 代表取締役ケネット

「もし何かに取り組むときに、それが成功するという証拠を先に見せなきゃいけないとしたら、クリエイティブにはなれないよ。**誰かに管理されている環境では、良いアイデアなんて思いつくわけがない。**

イノベーションを起こして成長している組織には、新しいことを楽しんで試せる環境がある。うまくいかなくても、プロセスが楽しかったら、また新しいことに挑戦してみたいと思える」

アート研究者　ヨアキム

「**大切なことは、失敗を進化のプロセスと捉えること。**未知のことを探究していく。正解なんてない。常に実験なんだ」

キューイット社CEO　イェスパー

「起こり得る最悪の事態は、メンバーが失敗を恐れるようになること。一番良くないのは、メンバーが『どうしたらいいのかわかりません』って、後ろに下がってしまうこと。**ミスを指摘して罰するカルチャーなんていらない。そんなカルチャーがあったら、誰も何にもやりたくなくなる。**

僕はみんなに『うまくいくかわからないけど、やってみよう』というスタンスで仕事してほしい」

ソーラーラボCEO　アナス

「**幸せになりたいんだったら、挑戦し続けること。**簡単な仕事をしていてもつまらない。難しいことに挑戦すると決めるから楽しいんだ。だけど、『挑戦する』ということも、他人の指示ではなく、自分の意思で決めなきゃいけない」

あまりの熱さに圧倒されてしまっただろうか。それとも、先頭に立って走ろうとする彼らのフロンティア精神からほとばしる情熱を感じただろうか。

ポイント69 「先頭に立つ」という意識を持つ

日々の暮らしを自分たちでカスタマイズ

デンマーク人はすべからく「イノベーター」である。

起業家、クリエイターはもちろん、企業や自治体で働く人、年金生活者、学生や子どもだって、年齢や性別に関係なく誰もが「イノベーター」だ。

デンマークの人気番組の一つに、起業家が投資家に事業をプレゼンテーションする番組がある。その場で投資家がフィードバックをして事業を支援するかどうかを決める。

この番組は、子どもバージョンもあり、子どもも、投資家や人気ユーチューバーに自分のアイデアをプレゼンテーションする。

他にも、ＤＩＹの番組、狩で仕留めた獣をその場で調理して食べる番組、お菓子作りのオーディション番組、デザインコンペティションの番組なども人気だ。
こういった番組が人気を博すのも、デンマーク人の「イノベーター気質」が騒ぐからである。

デンマーク人は、誰かに指示されたとおりに物事をこなすのではなく、自分で運転席に座ってハンドルを握り、自分の暮らし、仕事やキャリア、人生の舵取りをしようとする。

日常生活においても、自家製パンを焼く、お菓子づくりをする、編み物をする、家具のリメイクをする、家庭菜園で野菜やフルーツを収穫する、ＤＩＹで家の改装をする。ありとあらゆるモノづくりに挑戦し、日々の暮らしを自分なりにカスタマイズするのが大好きだ。

幸せな人生とは何か。仕事の意味とは何か。良い社会とはどんな社会か。自分なりに考えて、より良い日常や社会をつくるために、毎日一歩を重ねていく。

同じ日常を繰り返すのではなく、より良い明日のために、一歩、前に足を踏み出していくのだ。

受け身で流されるのではなく、自分でアンテナを張って、自分が本当に行きたい方向に向かって一歩進む。「イノベーター」とは、1日1日を自分の手でつくっていく人だ。

むずかしいことは考えなくていい。起業しなくてもいいし、クリエイターになろうとしなくてもいい。ただ、あなたが本当に望む未来に向かって、一歩、足を踏み出すこと。

「今日は良い1日にしよう」「今週は良い1週間にしよう」「今年は良い1年にしよう」

そういう想いがあなたに少しでもあるなら、あなたも「イノベーター」だ。

ポイント70　あなたもきっと、「イノベーター」である

そこに「本物の価値」「本物の喜び」があるか？

――雑談からオンリーワン＆ナンバーワンが生まれる

何のために働き、何のために生きているのか

「目的は、人生の質を高めること、より良い社会や環境をつくることです。**イノベーションは、そのためのツールに過ぎません**」

こう話してくれたのは、イノベーションを推進する官民連携の機関クリエイティブ・デンマーク代表のマイケンである。

彼女はカラフルなワンピースを着てスタジオのような空間に迎え入れてくれた。私の目

には、彼女のふわっとした柔らかさと丁寧な対応そのものが「イノベーション」に映った。「イノベーションを起こそう」なんて声高に叫んでいると、肝心の目的がよくわからなくなってくる。売上も収入も経済成長も似たところがある。「売上」「収入」「経済成長」と謳《うた》っているうちに、何のための売上であり、収入であり、経済成長なのかを見失っていく。

肝心なのは「何のために」という目的のところだ。

基本的に、私たちは豊かで充実した人生を送りたいと思っている。日々の暮らしのなかで幸せを感じ、命を終えるときに、良い人生だったな、と思えたらいい。それから、できれば、自分だけでなく、みんなが良い人生を送れる社会であったらいい。彼女はこう続ける。

「もし本物のイノベーションを起こしたいのであれば、**ただ新しいものを提案するのではなく、私たちの人生や社会をより良くする『価値のあるもの』を提案しなければなりません。**

そのためには、短期的な狭い視点ではなく、長期的な幅広い視点で物事を見る必要があります」

本当の意味で良い人生・仕事・組織・社会をつくっていきたいと思うのであれば、目の前の利益に惑わされず、長期的かつ多角的な視点から見て「本当に良い選択」をしていかなければならない。

向いていないけれど高収入の仕事、ワクワク感はないけれど安定したキャリア、相手が好きだけれど振り回される恋愛、愛もなく一緒に暮らす家族、楽しくもあるけれど疲れる人間関係……。

あなたは本当に、長期的かつ多角的な視点から見て「良い選択」をしているだろうか。

あなたは「流れ」や「他人」に、あなたの選択を委《ゆだ》ねてしまってはいないだろうか。

あなたが本当に望む未来に向かっていこうとすると、物事を決める「判断基準」が変わってくる。

「判断基準」が変わると、あなたの「選択」が変わり、「行動」が変わり、「未来」が変わる。

ちょっと先の未来のために、一歩引いたところから俯瞰して物事を見る。

今の自分の生活も、仕事も、人間関係も、組織のあり方も。

あなたの人生にとって、本当に大切なことは何だろう。

あなたの組織にとって、本当に大切なことは何だろう。

ちょっと俯瞰して見てみると、あなたが「絶対に大切だ」と思い込んでいたものが、それほどでもないように思えてくるかもしれない。逆に、今までまったく大切にしていなかったものが、じつは大切なものだったと気がつくかもしれない。

もしあなたが今の生活や仕事に行き詰まりを感じているとしたら、そのまま同じ日々を繰り返してはいけない。小さなことでも良いから、「本当に望む未来」のための一歩を踏み出さなければいけない。
あなたの1日を、1週間を、1ヶ月を、1年を、人生を、自らの手で「つくって」いくのだ。

ポイント71 長期的・多角的な視点から見て「良い選択」をする

ニッチな業界で世界トップレベルの企業が多い理由《ワケ》

長期的かつ多角的な視点から見て、より良い選択をする。頭では理解できるが、それで本当に企業は「ビジネス」になるのだろうか。マイケンの説明はこうだ。

「じつは、**時間やコストをかけて、長期的かつ幅広い視点で『本当に価値あるもの』を開発する企業の方が、ビジネスは伸びるのです。**これはデータでも証明されています」

彼女は、コロプラスト社（Coloplast）を例に挙げる。コロプラスト社は、医療用装具・治療材料などの開発製造をして、グローバルに大きく成長しているデンマーク企業である。同社は、製品開発をする際に、市民・患者・病院・看護師・プラスチック製造業者……様々なステイクホルダーと協力して、色んな角度からフィードバックを受けながら、製品開発を進める。

手間や時間はかかるが、長期的・多角的な視点から見ても良い製品を開発することに成功した結果、同社は業界のグローバル市場の約40％を独占するまでに成長した。

一見、非効率に感じられるかもしれないが、時間とコストをかけ、色んな立場の人の意見を聞きながら製品開発をした方が、結果的には「効率が良い」のだと、マイケンは指摘する。

彼女によれば、長期的な成果を生み出すためには、仕事のプロセスに、信頼やクリエイティビティ、新しい考え方といった要素が不可欠である。こういった要素が入り込む「余白」をあえてつくるからこそ、より良い人生やサステナビリティといった「付加価値」を生み出すことができる。

デンマーク企業は、ニッチな業界で世界トップレベルの企業が多い。

レゴブロックのレゴ社、ビールのカールスバーグ社（Carlsberg）、風力発電のベスタス社、海運業のマースク社、総合物流DSV社、製薬会社ノボ ノルディスク社は、デンマーク発のグローバル企業である。

他にも、中小企業でありながら、ニッチな業界で世界をリードする企業が多数ある。

それは、デンマーク人が「先見の明」を持って、長期的・多角的な視点に立って、地球環境にも社会にも良い「高付加価値」の製品・サービス開発を進めてきたからである。

長期的・多角的な視点から見て本当に価値のある「高付加価値」の製品・サービスを開発すれば、多少高額であっても世界に求められていく。オンリーワンでありナンバーワンになれるのだ。

ポイント72　「本当に価値あるもの」を生み出せば、求められていく

「本物」は時代を超えて愛される

わかりやすい事例で説明しよう。

デンマークと聞くと「北欧デザイン」を思い浮かべる人は多いのではないだろうか。「北欧デザイン」の基礎を築いたのは、1940～60年代に活躍したアルネ・ヤコブセン、ハンス・J・ウェグナー、ポール・ヘニングセンなどの巨匠デザイナーである。

彼らは、当時の「大量生産・大量消費」の流れに反発し、人にも環境にも優しく、良質で長く愛されるシンプルなデザインにこだわった。その結果、彼らの家具は、決して安くはないが、「北欧デザイン」のクラシックとして今でも世界中の人に愛され続けている。

このように、時代を超えて、多くの人から求め続けられるのが、「高付加価値」の製品・サービスなのだ。

目の前の利益を追求するよりも、先の未来まで見据えて、色んな角度から見て、本当に価値のあるものを提供する。巨匠デザイナーのスピリッツは、今でもデンマークの人びとに受け継がれている。

コペンハーゲンで生まれ育った井上聡さんは、巨匠デザイナーと同世代の「教育者」もまた、社会変革への気概を持っていたと振り返る。

「当時のコペンハーゲンの小中学校の先生はヒッピーのような感じで、**オープンマインドで、ものすごくリベラルでした**。彼らの社会変革への情熱は、学校の授業にも反映されていましたし、子どもたちにも伝わっていました」

井上さんもまた、彼らのスピリッツを受け継いだひとりである。現在は、兄弟でファッションブランド「ザ・イノウエブラザーズ」を立ち上げ、環境に優しい商品をつくり、世界の不平等と闘う活動をしている。

井上さんと同世代の1970年代生まれには、世界一のレストランに何度も選ばれて食のイノベーションを起こしてきたレストラン「ノーマ」の創業者レネ・レゼピ、建築事務所BIGを率いて世界の建築業界に変革を起こすビャルケ・インゲルスもいる。

より良い社会や環境をつくろうとする「社会変革」への情熱は、人から人へと伝播していくのだ。

デンマーク社会には、先頭に立って社会を変革していこうという「イノベーター」のスピリッツが、脈々と受け継がれている。

ポイント73 「社会を変革していく」という意識を持つ

あなたの人生にイノベーションを起こせ！

さあ、本書の終着駅に近づいてきた。もうすぐ、仕事も、人生も、あなた自身もうまくいく。

あなたがもし、自分の人生・仕事・ビジネスをより良くしたいと心から願うのであれば、現状を変える「イノベーション」が必須である。

そのためには、企業は、多少の時間やコストをかけてでも、長期的かつ多角的な視点で見て、本当に価値のある「高付加価値」の商品・サービスを開発・提供する必要がある。多くの人の喜びにつながる「本物の価値」を提供できたとき、それが最強の武器となってブレイクスルーを起こしてくれる。

個人の場合は、多少の時間やコストをかけてでも、自分の人生にとって「本当に意味のある行動」をする必要がある。
心から喜びを感じられることに向かって「本当に意味のある行動」を起こすことが、あなたの人生にブレイクスルーを起こしてくれる。

あなたの企業に、世の中に提供できる「本物の価値」が眠っているとしたら、それはいったい何だろう。

あなたに、他の誰にも理解されなくても、自分の心が震える「本物の喜び」があるとしたら、それはいったい何だろう。


「イノベーション」は誰にでも起こせる。大切なものに、気がつきさえすれば。

だが、大切なものに気がつくのは、容易ではない。

たいてい、大切なものは、隠れて、見えなくなっている。

そして、それに気づかせてくれるツールが「雑談」と「対話」なのだ。

良質な「雑談」と「対話」は、お互いに良い気づきを与えてくれる。

話をしながら、あなたは、自分が本当はどうしたいのか。何を考えているのか。どこに向かっているのか。そのために、何が必要なのか……気づくことができる。

好奇心を持って相手の話に耳を傾けていると、相手もまた、自分が本当はどうしたいのか。何を考えているのか。どこに向かっているのか。そのために、何が必要なのか……気づくことができる。

好奇心から、軽く「雑談」と「対話」をする。

それだけで、お互いを引き出し、助け合い、活かし合うことができる。あなたも何か大切なことに気がつくかもしれないし、相手も何か大切なことに気がつくかもしれない。

その「気づき」が、仕事に、人生に、組織に、社会にブレイクスルーを起こすのだ。

ポイント74 良質な「雑談」と「対話」は、大切な「気づき」を与えてくれる

あとがき

本書を最後まで読んでくださって、本当にどうもありがとうございました！

いかがだっただろうか。もし、本書のどこかで、あなたがあなたの仕事や人生を前に進めるためのヒントに出合えていたら心から嬉しい。

デンマークという国は「小さな巨大鉱脈」である。

小さな国で、人口は日本の千葉県よりも少ない。だが、ひとたび、彼らの言葉を掘っていくと、宝石が眠る巨大な鉱脈にぶち当たる。

インタビュー取材を通じて、私はその鉱脈に足を踏み入れ、キラキラと輝く宝石を数え切れないほど発見した。本当は大量に拾った宝石をすべてお見せして、細部の魅力まで語りたいところである。だが、そんなことをすると、読み切れないボリュームの本に仕上がってしまう。

多くの方に、本書を手にとってほしい。多くの読者に、わかりやすくメッセージをお届けしたい。

そんな想いから、手軽に読める「ビジネス書」のサイズに収めてみた。本書の中に、今のあなたにぴったりの宝石が見つかっていたら、心から嬉しい。

そして、私の手元に残った宝石の輝きは、別の機会にお届けできることを願っている。

約40人へのインタビュー取材は、それぞれが特別対談のような充実した内容だった。記事化すれば100以上の面白い記事になる。私の中に留めておくのは勿体無いので、機会があれば、どんどんご紹介していきたい。


ところで、「雑談」と「対話」からブレイクスルーが起こる、というのは本当である。

「3分間の軽い雑談」のチカラは侮れない。

本書執筆のためのインタビューにおいても、まさに「ちょっとした会話」の効力を色んな場面で感じた。

電車の中でたまたま会った知人に近況を話したところから、メディア業界の人をご紹介いただいた。別件の仕事について話していてポロッと本の話をしたことから、ソフトウェア業界の人につないでいただいた。取材先のショップで盛り上がったことから「この人にも話を聞いてみるといいと思う」と、建築業界の人をご紹介いただいた。

ご自宅の夕食に招待されてアルコール入りで食事をしながら話しているうちに、面白い話が聞けて、すぐさまスマホで声を録音したこともあった（その内容も本書に収められている）。

こんな「軽いノリ」が最高なのだ。

相手にとって、やらなくてはいけない仕事というわけではまったくないから、会話には、純粋な「面白そう」と「貢献したい」という気持ちが乗っかっている。

「好奇心」と「貢献心」でつないでいただいたご縁は、本当にありがたかった。

製薬会社ノボ ノルディスク社については、私のデビュー作の読者との出会いから、ご縁をつないでいただいた。他にも、色んなご縁から、面白い取材が実現した。

その意味で、本書の取材は「偶然」の重なりで実現している。だが、私はそれを単なる「偶然」だとは決して思わない。

雑談を「拾う」アンテナが働くということは、そこに「何か」があるのだ。

その「何か」は説明もできないし、それが本当に意味のあることかどうかは誰も保証できない。けれど、その説明できない「何か」を拾い上げると、予期せぬブレイクスルーが起こる。あなたにも、組織にも、社会にも。

「雑談」で気になったモノを拾い上げてみる。そこから始まるのだ。

針貝有佳

御礼

最後に、本書出版にご協力いただいた私の「最高のパートナー」に御礼をお伝えしたい。

いつも楽しい雑談と対話で「最強の壁打ち」をして企画を叩き、執筆の伴走をしてくださるPHP研究所ビジネス書編集長の大隅元《げん》さん、デビュー作『デンマーク人はなぜ4時に帰っても成果を出せるのか』に続き、今回も最高でした。本当にどうもありがとうございました。

そして、出版のきっかけをつくってくださり、私の挑戦をいつも熱く応援してくださる長倉顕太さんと原田翔太さん、本当にどうもありがとうございました。

本書執筆のためのインタビュー取材には、たくさんの方にご協力をいただきました。以下の皆様に心より御礼を申し上げます。本書に命を吹き込んでいただき、本当にどうもありがとうございました。

取材協力（40名）

Anders Smith
Ann-Britt Elvin Andersen
Anne Møller
Emilie Damm Klarskov
Eva Seo-Andersen
Isabella Mousavizadeh Smith
Jakob Norman-Hansen
Jennifer Green
Jesper Essendrop
Jesper Hvirring Henriksen
Jesper Lekdorf
Joachim Aagaard Friis
Joachim Kornbek Engell-Hansen
Kaspar Astrup Schröder
Kasper Bødker Mejlvang
Kenneth Sejlø Andersen
Kåre Stokholm Poulsgaard
Louise Askjær Drejer
Majken Kalhave
Marie-Louise Høstbo
Markus Oxelman
Mart Tiemensma
Monica Hellström
Morten Primdahl
Nicklas Brendborg
Ole Mølskov Bech
Pernille Garde Abildgaard
Robin Petré
Rosan Bosch
Sigrid Korshøj
Sira Hjorth
Stine Gehl
Thea Mikkelsen
Thomas Ibsen
井上聡（Satoru Inoue）
小池良平（Ryohei Koike）
坂本舞（Mai Sakamoto）
本多達也（Tatsuya Honda）
山田正人（Masato Yamada）
ラーセン華子
（Hanako Larsen）

コーディネート協力（6名）

Jamie Hodge
Katrine Aadal Andersen
クロマン・ソーレン
（Søren Kromann）
坂本由紀恵（Yukie Sakamoto）
萩原あずさ（Azusa Hagiwara）
水口有子
（Yuko Minakuchi Knudsen）

｜巻末付録｜デンマーク人から学ぶコミュニケーションのコツ

■ 雑談編

- □ 3分あったら、軽く近況を聞く＆話す
- □ 雑談は「中間地点」や開放的なスペースがオススメ
- □ ランチタイムは絶好の機会！
- □ 気になる人には気軽に声をかける
- □ あまり話をしたことのない人を会話に誘う
- □ 愚痴・悪口・噂話は厳禁！
- □ 知ったかぶりをしない
- □ 行き詰まっていることを軽く共有してみる
- □ ネタに困ったら、休日にしたことを話す
- □ 5分経ったら会話を切り上げる

■ 対話編

- □ 密室ではなく、オープンな場所で話す
- □ 気になるコミュニティに飛び込んで対話する
- □ 相手が大切にしていることを知る
- □「何をしたいのか」を聞く＆話す
- □ リミッターを外して「壁打ち」をする
- □ 違うと感じる意見も、5分は検討してみる
- □ 相手の意見を否定せず、別の視点を提供する
- □ 相性が合わない場合は、相手ではなく「成果」にフォーカスする
- □ 話しやすいと感じたら「最高のパートナー」かも!?
- □ 感謝の気持ち、応援の気持ちを添えて対話を終える

■ 会議編（リーダー向け）

- □ 似た者同士でメンバーを固めない
- □ 会議の冒頭に「雑談タイム」を設ける
- □ 意思決定の方針を明確にする
- □「でっかい夢」を妄想して、わかりやすい形で共有する
- □ ゴールに辿り着く方法を、みんなに相談する
- □ 小グループに分けて議論してみる
- □ 立場や年齢を問わず、平等に意見を聞く
- □ 意見を言ってくれた人にお礼を言う
- □ 異なる意見を組み合わせてみる
- □ みんなが気持ち良く終われるように、フォローも忘れない

脚注

i Statistics Denmark: "Population", 2024.

ii IMD World Competitiveness Center: "IMD World Competitiveness Ranking" 2020 - 2024.

iii Statistics Denmark, GF02(table), latest data(2021), accessed 2025.

iv https://www.designcouncil.org.uk/our-resources/framework-for-innovation/

v European Commission: "European Innovation Scoreboard" 2024.

vi UN: "E-Government Survey" 2018 - 2024.

vii Sustainable Development Solutions Network: "Sustainable Development Report" 2016 - 2024.

デンマークのライフスタイルや価値観のお届け、
著者へのご相談・コンタクトはこちらから

www.yukaharikai.com

PHP
Business Shinsho

針貝有佳（はりかい・ゆか）
デンマーク文化研究家
デンマーク在住。1982年生まれ。早稲田大学大学院社会科学研究科にてデンマークの労働市場政策「フレキシキュリティ・モデル」を研究して修士号取得。2009年末にデンマーク移住後、15年以上にわたってテレビ・ラジオ・新聞・雑誌・ウェブ等からデンマーク現地情報を発信。社会学的アプローチで社会を観察し、デンマーク語で現地の第一次情報にアクセスし、情報・世論・市民の声を届ける。著書に、『デンマーク人はなぜ4時に帰っても成果を出せるのか』（PHPビジネス新書）、『北欧のあたたかな暮らし 小さな愉しみ』（共著・学研）など。最近は、企業・自治体・教育・研究機関向けに、働き方やキャリアに関する講演を精力的に行なっている。執筆記事400以上、商品・都市開発のヒントとなる事例レポート300以上。『ビートたけしのＴＶタックル』『ミヤネ屋』等に取材協力・出演。時代に新風を吹き込むクリエイターのコンテンツ制作・PRサポートもてがける。

PHPビジネス新書 478

デンマーク人はなぜ
会議より3分の雑談を大切にするのか

2025年4月2日　第1版第1刷発行

著　者　針貝有佳
発行者　永田貴之
発行所　株式会社PHP研究所
東京本部　〒135-8137　江東区豊洲5-6-52
ビジネス・教養出版部　☎03-3520-9619（編集）
普及部　☎03-3520-9630（販売）
京都本部　〒601-8411　京都市南区西九条北ノ内町11
PHP INTERFACE　https://www.php.co.jp/
装　幀　齋藤 稔（株式会社ジーラム）
石澤義裕
印刷所　株式会社光邦
製本所　東京美術紙工協業組合

ISBN978-4-569-85903-3

「ＰＨＰビジネス新書」発刊にあたって

わからないことがあったら「インターネット」で何でも一発で調べられる時代。本という形でビジネスの知識を提供することに何の意味があるのか……その一つの答えとして「**血の通った実務書**」というコンセプトを提案させていただくのが本シリーズです。

経営知識やスキルといった、誰が語っても同じに思えるものでも、ビジネス界の第一線で活躍する人の語る言葉には、独特の迫力があります。そんな、「**現場を知る人が本音で語る**」知識を、ビジネスのあらゆる分野においてご提供していきたいと思っております。

本シリーズのシンボルマークは、理屈よりも実用性を重んじた古代ローマ人のイメージです。彼らが残した知識のように、本書の内容が永きにわたって皆様のビジネスのお役に立ち続けることを願っております。

二〇〇六年四月

ＰＨＰ研究所